後設思考

養成「聰明人」的思考法

澤円 著

楓書坊

前言

自由設計自己的人生

「對未來感到迷茫，但又不知道該怎麼辦才好。」

「我應該繼續待在這家公司嗎？」

「不管是AI、NFT還是虛擬貨幣，我都跟不上。」

我每天都遇到各種社會人士，感覺有以上煩惱和問題的人日益增加。

在因AI發展和web3.0到來，而瞬息萬變的世界中，可以說，幾乎沒有一個領導者能夠持續提供穩定的工作和正確的解決方法。

在這個正確答案和規則不斷變化的時代，不確定自己所處的位置，理所當然會感到不安。再加上只待在公司這一地方，也可能會覺得有壓力。

因此，本書推薦「**改變視角**」。

不是在公司這小框架中思考，而是客觀掌握自己在廣大社會的位置。

即便在公司內屬於「年輕人」，但從廣闊的社會來看，可能已經獨當一面，擁有可以自己做出判斷並行動的經驗。即便覺得自己在公司的評價不錯，卻發現相較於社會上的同齡人，自己的薪資低上許多。

從這個角度來重新看待事物稱為「後設思考」。後設思考是指，從俯瞰的角度來觀察、認識自己的認知活動（行動和思考方式）和個性。本書的主要目的即是幫助讀者培養後設思考能力。

只要獲得「外部」的視角，就能不再苦於在現下所處的世界裡與他人比較，還會發覺自己視野狹隘，竟然在這麼小的地方對一點差異就如此敏感。我認為，如此便**不會拘泥於一種價值觀，能夠誠實地面對自己覺得有趣的事情，活得更自**

由自在。

從實際的商業角度來看，那些「走出」既有業務，稱為「規則改變者」的企業，一般都會有顯著的成長。規則改變者是指改變遊戲本身的人或企業，不是在一個規則中較量勝負。舉例來說，改變業務本身，不再販售收錄歌曲的CD，而是免費提供音源服務，同時從廣告收入中獲利。同樣地，**我希望各位能夠成為自己人生的規則改變者**。

生於這樣的時代，在一種類型中分出優劣已經沒有任何意義。既然要採用二分法，比起「是否優劣」，從工作和人生「是否有趣」來進行選擇，會更加快樂，畢竟生活的就是這樣的時代。

幫助各位在這個時代生存的是，我現在選擇的工作、生活方式，名為「Alias」的概念。

「Alias」意指「別名」、「連接功能」。簡單來說，**將在特定場所的自己，例如**

在公司的自己和工作的自己等，分別視為是披著自身名字的分身。

換句話說，根本沒有必要將在公司、組織、社群等地方的自己與自身或自我認同相提並論。

而是**更加自由，更加靈活地設計自己的人生**，例如「提供『我』這個人的一部分功能給公司」、「在這個地方用不同的Alias來行動」。

在序章中首先介紹「Alias」的概念，以及作為前提，從現在這個小世界獲得「外部視角」的思考方法。

接下來在第一章中，將會介紹一些實際「跳脫」現有業務，被稱為「規則改變者」的企業和個人案例。

第二章則是要確認，各位在改變人生時可能會形成瓶頸的「既定想法」。這是因為在已經努力了，事情仍舊不順利時，人往往會陷入自己帶有偏見的「既定想法」。

第三章和第四章要介紹的主要是「工作方法」。就如何釋放個人潛能、幸福工作與更好的管理方式提供具體提示和建議。

在第五章中將要探討解決可說是許多人煩惱根源的「人際關係」問題。

最後在第六章，將以我自身的經驗為基礎，來告訴各位如何釋放壓力，讓身心更加放鬆。

參考本書介紹的後設思考，定能讓自己的內心產生出「從容」。內心從容，就能客觀地審視自己，以及重新評估工作和人際關係的狀態。察覺問題本質，並採取適當的行動來處理。

只要能夠靠自己找出問題，並用自己的力量來解決，不僅工作和生活會更順利，最重要的是，可以活得更輕鬆。

重點僅僅在於將視角放在哪裡。

今後請利用後設思考來自由設計自己的人生吧！

目錄

序章

不受規則束縛的想像力

第1章 不拘泥於正確解答的觀察力

第2章

擺脫既定想法的自由思考法

第3章

發現問題的認知能力

第4章 新時代的管理法

第5章

開闊視野的人際關係術

第6章

消除壓力的分享能力

序章

不受規則束縛的想像力

◉自己創造得勝的規則

最近有較多的機會接觸到企業員工培訓講師等工作，在與多位企業員工交談後，遇到許多人認為「只有我一個人努力工作也沒有意義」，或是苦惱「公司對於自己的評價並不正確」。

對那位員工來說，這些問題都會成為難以解決的苦惱來源。然而，是因為大部分的人都認為在公司工作就等於「必須遵循公司的規則」。

我認為，**在一家公司糾結自身的地位和價值，其實只佔據我們生活中極小的一部分**。

要想讓自己的人生變得更加美好，只在公司這一小塊地方思考並沒有多大的意義。

不過，如果是在體育界，情況就會有所不同，因為運動賽事的根本就是「在同一個規則中展開競爭，分出勝負」。

以足球為例，規則是十一個人對十一個人，用一顆球進行比賽，如此遊戲才能成立。不可能「因為日本人平均身高較矮，就可以派十二個人上場」，這樣無法公平競爭。

因此，我知道在運動競賽中，必須要設法在規則內贏得勝利，但是這個理論並不能直接套用在工作和人生上。

試想一下，一位毫無疑問是優秀足球選手的人，他的生活會是什麼樣子呢？是覺得在退休後成為教練繼續在足球界活躍更好？還是跟心愛的伴侶一起度過退休生活更幸福呢？根據他的想法，判斷基準會完全不同。

簡單來說，**在一套規則中獲勝並不表示人生就會一帆風順**。在我的印象中，有不少人明明知道這個道理，但一遇到公司和工作的事，就會不自覺劃上等號。

本書的核心，也就是要討論的重點是——我希望大家**在自己的人生中「每天都能獲勝」**。

其實根本就沒必要以勝負來思考，但任何人聽到「獲勝」一詞，通常都會感到愉悅。在自己的人生中每天都獲得勝利，這句話的意思是「**創造出自己絕對不會輸的規則**」。換句話說，不必參與受到相同規則束縛的競爭。

還有一點也很重要：**比賽的人數只能是自己一個人**，如此便絕對不會輸，永保獲勝。

我在傾聽了許多人的煩惱後，得到的結論是，這些人都困在「**與他人比較**」的囹圄中。「每天都很疲憊」的痛苦、「工作不開心」的不滿、「對未來感到迷茫」的不安、「無法原諒那個人」的憤怒……這些情緒的背後，總是隱藏著與他人比較的心態。

不過，即便想要「停止和他人比較」，也很難輕易做到，因為人類的大腦構造就是如此。

此現象稱為「白熊效應」(White Bear Effect)，之所以會如此稱呼，是因為人類曾用北極熊做過相關的實驗。人類具有愈是禁止就愈會去想那件事的特性。當聽到他人說「絕對不要想像北極熊長什麼樣子！」，幾乎所有人的腦袋中都會充斥著北極熊。換言之，當他人說不要想像時，反而會促使人類的大腦回憶那件事。這就是為什麼難以戒掉吃甜食和抽菸習慣的原因。在一篇名為〈後抑制反彈效應〉這一心理學論文中也闡明了這一點。

人類大腦就是由這樣的構造形成，所以即便提出「不要和他人比較」的建議也不會有太大的幫助，反而會讓人更想跟他人比較。所以應該要怎麼辦才好呢？

答案是，不要只是在腦中許願，必須要將這個想法轉化為積極且具體的行動才行。

其中一個建議是「**想出個自己一人享受的規則**」。

與他人比較，設法獲得勝利，只會讓人感到疲憊。與他人比較是人類的本能，就算在腦中勸導自己「不要與他人比較」，也很難真的做到。

正因為如此，嘗試轉換為「創造只有自己的比賽」這樣的實際行動才能夠得到效果。

◉善用多個自己，避免自我消耗

也有人會認為「但如果是公司職員不可能做得到吧！」或是「總是忍不住想跟同事比較」。

為什麼會輕易地將自己的一切託付在公司這個地方呢？為什麼要讓自我認同與公司牽扯不清呢？是因為公司是占據人生最多時間的地方？還是因為公司

是尋找人生意義的地方？

我認為**那不過是「Alias」，也就是分身罷了**。

舉例來說，將在公司時的自己視為是一個披著自身名字的Alias，「就只是提供我的部分功能」。這麼一來，心情應該就會輕鬆許多。

完全沒有必要將在公司的自己、在工作的自己與自己人生劃上等號。更不用說公司內部的評價和競爭等，那些都只是遊戲而已。

正因為如此，嘗試在一位職業運動員沒能獲得世界冠軍時，不會有人說「他沒有能力」。

同樣的道理，無論是在公司的自己、與隊長和經理說話的自己，還是跟組員開會的自己，只要將一切都視為是「分身在活動」即可。

自己的人生終究由自己創造，我認為可以**更加隨意地定義自己的人生**。

擁有多個自己的分身，並不表示是建立其他人格，或是扮演另一個不同的自己。此外，Alias只是個分身，所以並不包含自我認同的部分。

Alias無論是當作別稱、假名、化名，不管是哪一個的意思都是「印記」。順帶一提，在MacOS中Alias是指「連接功能」，只是單純的連接，即便刪除也不會對文件本身造成任何影響，並且可以任意增加。

Alias是自身人格的一部分，具有的能力與自我認同相互分離。簡單來說，Alias就像是「路標」，可以經由Alias找到自己。

想像成能夠隨心所欲切斷的分身即可，正因為如此，**才能在各種地方發揮出自己的能力**。

再加上，說到底不過是個Alias，**即便在某個領域得到不好的評價，也不會對自己造成損傷**。如果是用Alias的身分行動，就能夠避免無謂傷害，更加自由地生活。

◉愈是放棄成功經驗愈是輕鬆

各位可能會覺得「Alias」有點難以理解。

我第一次意識到自己的Alias是在三十歲出頭的時候。

在我還年輕的時候，每天都很努力地工作，但心中一直有一隅覺得「這並不是真正的我」、「我的人生應該是在其他地方」。當時沒有清楚地認知到「在公司工作的自己不過是個分身」。因此，**無法明確地區分「工作做不好的自己」和真正的自己，導致內心痛苦不已**。

當我二十八歲開始在微軟（今日本微軟）工作時，由於能力和技術不足，並不是個理想的員工。長期以來經理都沒給我好臉色，每天都會受到惡言惡語傷害，但因為知道自己實力不足，所以沒能反駁。就連自己也在逼迫自己，認為

「自己無法勝任這個工作……」、「我是個沒用的人……」。

好不容易熬過那段鬱鬱寡歡的日子後，在三十歲出頭時遇到一位優秀的經理，也與支持我的顧客們相遇，於是我的腦中偶爾會閃過「做自己就好了！」的想法。

從工作順利的這一刻開始，**「將人生押在工作上」的感覺便逐漸消失**。我的內心萌生出一種感覺，覺得在微軟工作的自己不過是發揮出微軟這一才能的分身。藉由這個分身和真正的自己相互連接，不再無謂地逼迫自己。我認為之所以會有這樣的感覺，是因為工作順利，可以從容地對自己進行後設思考。

不過，**在工作不順利的時候，通常會將不成功的自己和自我認同看成是同一件事**。因此才會將自己逼入絕境，滿心認為「我是個沒用的人」。

即便是成功的經驗，有時也同樣會讓人陷入困境。

舉例來說，一個人在某項工作上獲取成功，可能會固執地認為「這就是我的生存方式！」、「這樣做就不會失敗！」。

任何人都不喜歡失敗，畢竟原本順利的事情出了差錯，只要是人都會覺得厭惡。以運動比賽來比喻的話就不難理解，連勝紀錄遲早會有中斷的那天。我一直都很喜歡看格鬥比賽，無論是相撲還是拳擊，都會出現當代最強的英雄，並創造出連勝紀錄。然而遺憾的是，沒有人能夠永保勝利。事實上，我甚至看過有些人**在連勝紀錄愈多的情況下，反而愈害怕紀錄中斷**。

我的內心深處意識到，一旦事情順利，自己就會執著於此，不斷重複做著相同的事情。不過，透過格鬥比賽，我學會連勝紀錄終究會結束的道理，我本能地感受到，自己並不想因為害怕失敗而無法挑戰新事物。

因此養成了一種思考方式：**即便在工作上取得成功，也不過是多個Alias中的其中一個功能罷了，所以應該要盡快轉換到其他地方（工作）**。

在我的職業生涯中，每當覺得「這個工作順利完成」時，就代表從某種意義上來說，相當於是獲勝了一次，所以要換個遊戲，去別的地方。將贏得的冠軍頭銜歸還，不去捍衛這個頭銜，逐漸與之脫離並進行別的工作，如此一來，也就不會失去頭銜。

我相信，只要意識到這一點，任何人都可以養成不受成功經驗束縛，朝新目標邁進的心態。事實上，**愈是捨得放開成功經驗，心情就會愈輕鬆**。

只要不糾結於此，我們就能夠更自由地做出選擇。

◉結合「擅長的事情」創造出個性

我認為Alias的概念可以有效活用於工作和生活等各個方面。以工作為例，具體的優點中，最重要的是**更容易進行「複業」**。相較於「副業」有明確的主業，在業餘時間做其他工作，**「複業」則是指多個主業並行**。

我現在與九家公司簽訂業務委託合約，並在兩所大學授課。因此，前往日立製作所有限股份公司時，會作為日立的「中之人」行動，去鹿島建設有限公司時，則是會以鹿島「中之人」的身分行動。

當然，除此之外，我還應邀參加演講、研討會、採訪和撰寫書籍等，這些都是主業，因此我現在每天都處於由各種Alias所組成的狀態。

因為分別都是Alias，有時根據地點我帶給人的印象也會完全不同。也許可以解釋為期待值的差異，可能在有些公司會展現出「精通技術」的一面，在其他地方則是表現出「精通管理」的一面。

也可以任意組合Alias。以前在《NewsPicks》與羅蘭先生談話時，我的Alias是「在多個地方生活的人」，而且因為擅長發表，還結合了「能夠在他人面前侃侃而談的」Alias。

關鍵在於，此時不必展現出「精通技術」和「精通管理」的一面，關於這些部分Alias也不會出現。也就是說，**只要根據時間和地點，自由選擇、結合Alias即可**。

在習慣這種模式後，**自己就好像是置身於遊戲一樣，將多個Alias放在適當的位置，隨情況轉換，輕鬆採取行動**。

當能夠將自己「後設思考」到這種程度，應該就能夠大大地減輕公司生活的壓力。

擁有的Alias愈多，在一家公司中Alias會相對縮小，**如此也就能夠迴避風險，即便在那家公司工作不順利時，也不會太過於在意**。複業的Alias不僅收入會增加，也有利於心理上的健康。

最近有許多藝人和運動員因為私生活受到大眾譴責。就我個人而言，一個人只要不觸犯法律，私底下做什麼事其實都無所謂。但那些為此而吵鬧的人，往往會要求一個人無時無刻的人格都必須完全一致。在這種期待擅自增加的情況下，為了能夠迴避風險，擁有多個Alias是守護自身心靈最有效的方法。

◉在喜歡的時候用喜歡的方式做喜歡的事

就我看來，考慮到未來的變遷，那些簽訂勞動契約要求員工不能有「複業」的公司將會慢慢地消失。

就連在日本，員工以終生雇用為前提在一家公司就職，一輩子只用同一張名片走遍天下的職業生涯也正在逐漸崩潰。

當然，終身雇用制在國外早已不復存在，《LIFE SHIFT——100年時代的人生戰略（LIFE SHIFT——100年時代の人生戰略，暫譯）》（東洋經濟新報社）一書的作者——英國組織理論學者琳達・格拉頓（Lynda Gratton）主張，一生中經歷多次換工作，同時為多個公司效力，在工作上自由提供自己時間和技能的世界已經到來，並以「多階段（multistage）」來形容這個現象。這跟我介紹的Alias概念相吻合，我認為這個趨勢在今後會愈來愈明顯。

造成這個趨勢的原因有很多，其中與去中心化網路Web3.0時代的來臨有相當密切的關係。

所謂的Web3.0是指，從Web1.0也就是網站的建立者，單方面地傳遞訊息給前來閱覽網站閱覽者，經歷現在許多人透過X（前為Twitter）和Instagram等他人準備好的平臺，互相交換資訊的Web2.0，到現在去中心化的時代。未來不會再像至今一樣由大型平臺公司壟斷訊息，而是獨立個體群聚的社群色彩會更加濃厚。

簡單來說，**Web3.0的時代代表的是「個人時代」的到來**。

隨著區塊鏈技術的發展，所有的一切將從中央集權型朝著社群型轉變，此現象的特徵是，**可以發揮自己的特點和技能自由活動，不受場所侷限**。

即便如此，並不代表「現在就應該馬上同時從事多個工作」。在此，我想告訴大家一個本質：未來將會是無論身在何處**「在喜歡的時候用喜歡的方式做喜歡的事」，就能夠將自己的能力發揮到極限，最終更容易符合他人期待**的時代。

前面已經提過，公司只是一個工作場所，不過是一個「容器」。不是一個存放自己人生和自我認同，或將一切混為一談的地方。

換句話說，我們只要使用公司這個「容器」，結合多個自己的優勢，以Alias的身分自由工作和活動即可。

擁有這種想法的人以及由他們組成的企業，才能夠成為大幅改變世界的「規則改變者」，關於這部分將於下一章進行介紹。

第1章

不拘泥於正確解答的觀察力

◉多個「標準」的時代

以下舉一個簡單易懂的例子，讓各為更清楚何謂價值觀多樣化的時代。這個例子的主角是「WORLD YURU SPORTS ASSOCIATION（世界ゆるスポーツ協会）」，這個協會的活動理念是「讓世界不再有不擅運動的人」。

所謂的「YURU SPORTS」簡單來說就是「自己制定規則來運動」。這是一項無關年齡、性別、運動神經等，任何人都可以享受其中的新運動。

在現有的運動中，大多是具備運動能力、才能和技巧的人才能夠發揮得更好，更能夠體會到其中的樂趣。

同時也有人認為，當擅長運動的人和同樣擅長的人聚在一起，不擅長的人與不擅長的人待在一起，運動反而可能會造成社會分裂。當然，擅長的人與不擅長的人也難以互相理解。

在這種情況下，如果有運動不論勝負，而且不論腳程慢、個子嬌小、身體有障礙等都能夠享受各種樂趣，應該會令人感到興奮吧？「WORLD YURU SPORTS ASSOCIATION」就是實際創造出這種運動的組織。

這個集團創造了許多從小孩到老人都能享受其中，規則獨特的運動，例如籃子傾斜球就會掉落的「蹺蹺板球籃」，或是全部的人都只能移動五百步的「五百步足球」（順帶一提，走超過五百步的人就必須退出，所以必須要經常在場內休息）等。

當我得知他們的活動時，我便認定「就是這個」。

歸根究柢，**無論是在哪一個領域，遵循既有的規則，在做任何事情時明顯會有其侷限性**。

畢竟價值觀會逐漸多樣化。有的人跑得快，有的人跑得慢，有人擅長把球投到遠處，有人則不擅長。但是，每個人都有其不可替代的價值，這種無可取代的價值，不是用同一種標準就能夠衡量的。

我們自己不也是如此？

例如，有很長一段時間，普遍都認為從所謂的「好大學」畢業後，進入「好公司」就代表人生很成功。然而，這個標準已經不適用於當今這個時代。進入「好公司」後，公司可能會倒閉，也或許會因為公司還有除技能之外的其他評價標準而感到痛苦不堪。

現在已經沒有成功人生的範本，得自己思考、決定要走向哪一條路。

如此一來，就要增加不同種類的「標準」。**為了理解自己、定義自己的工作、為自己提供動機，就必須利用多種標準來思考人生**。

要做到這點，就要擁有「後設思考」的能力，藉此培養找出問題、挑戰並使之「言語」化的能力。

◉職務型雇用是「理所當然」的世界

近年來，各領域的職場都在討論「職務型雇用」的必要性。然而，大部分的人對於職務型雇用普遍有個誤解是：認為「我的工作是○○，只要做好這個工作就能獲得肯定」。

這其實只是職務型雇用的必要條件，畢竟公司就是為了這個工作聘請員工，所以對公司來說做得好是理所當然的，可以說，這是最低限度的義務。

簡單來說，以職業棒球選手為例，他們分別被聘為「投手」、「擊球員」、「捕手」。當然不可會出現「還不確定這個人要負責哪個位置，總之先簽職業棒球選手合約再說」的情況。

這就是所謂的職務型雇用，在職業界中，不能盲目地錄用，等進入團隊後再思考要讓那個人做什麼。從一開始就要確定要讓對方做什麼，並為了達到這個目的而簽約。

如果一個人作為投手取得十勝，當然會獲得一定的認可。不過，如果還有其他能夠得到十勝的人呢？那就沒有非他不可的理由。

職務型雇用的現實是，除了能夠得到十勝，還要做到加分的事情，才能夠得到重視，例如，是否受歡迎、是否能夠做到球迷服務、是否擅長接受採訪、是否引人注目等。**要想獲得高度的評價，重點在於要成為「不可替代」的存在**。

而且並沒有教科書教人該怎麼做。也就是說，職務型雇用的本質為，他人已經定義所謂專業的最低底線，**「要自己思考」以此為基礎的附加價值**。

這就是為什麼我先前會說「我的工作是○○，只要做好這個工作就能獲得肯定」是個誤解。

◉擅長獲得他人的「謝謝」

或許有人會不安地覺得「職務型雇用那麼嚴苛嗎？」。

但反過來說，**如果下定決心認為「我就是這樣的人，就用這種方式做出貢獻」，就能夠找到發揮自身能力的地方**。

至於要在哪個部分做出貢獻，就由自己來定義。

以之前舉的例子來說，作為投手，如果能夠取得一定程度的成績，還擅長說話，也許可以利用像是發言人的形象，盡可能地站在粉絲前說話，以此做為加分事項。反之，即便不擅長在他人面前說話，但非常了解訓練的方法，則可以透過在團隊中分享自己的訓練方式來提供貢獻度，並得到認可。根據情況，未來還可能會受邀成為教練。

換言之，**最重要的是，對於「自己擅長什麼，如何做出貢獻」進行後設思考，並在理解後回饋給組織**。因此，首先要先了解自己才夠做出定義。

我經常向他人提出的問題是：

你能夠列舉出他人對自己說「謝謝」的事情嗎？

過去，也可以將這些事情當作自己的優點，但在這裡，為了讓形象更具體，請思考一下，他人對自己說「謝謝」時的行動或是特質。

為此，必須要客觀地認識自己，並在平時自問自答「我在做什麼？」。

需要注意的是，**在公司或組織中規定業務以外的部分，才會得到他人真心的「謝謝」**。這裡再強調一次，作為一位員工，做好分內的要求是理所當然的事情，所以並不一定會得到他人的感謝。如果分內的工作是一個月成功簽下三份合約，即便達成了，也未必會獲得他人一句「謝謝」。

重點在於，**設法在自己的工作中找到、定義加分的部分，並付諸行動**。

無論是誰，都會做分內外的事情，以此來幫助他人的工作，例如不會為合作廠商造成負擔的日程安排、發揮主持技巧善後陷入僵局的會議、指導新人激發對方的動力等。

如果找不到加分的事項，請將之視為危險的訊號。如果認為只要完成規定的工作，那很快就會被不斷變化的時代拋棄。

◉對規則不疑有他的人會停止思考

必須從日常生活中反覆詢問自己「是按照別人的定義還是遵從自己的定義生

活？」。因為在很多情況下，會在不知不覺間「受到束縛」。

既然生活在法治國家，自然就要遵守法律原則，但是**其他規則卻不具有任何強制力**。

畢竟我們不是一個人獨自生活，社會上當然會有許多為了讓大多數人舒適生活而制定的規則。但是那些規則，並不是每次都是最佳的解決方案。

一般會認為「讓位給懷孕的女性或老人」，但是有時候比起老人，讓位給看起來身體似乎不適的人會更好。然而，當眼前有一個身體似乎不舒服的年輕人和一位老人，可能會讓人不知所措地想著「讓給這位年輕人比較好，但是博愛座規定要讓位給老人……」。

為什麼我們總是會像這樣認為「應該遵守規則」，並受此束縛呢？

我認為，大概是因為曾經有過遵守規則而得到稱讚的成功經驗。從小時候上學開始，我們的周圍總是充斥著各種規章制度。如果乖乖遵守，就受到到老師和大人的表揚，最後導致我們不再質疑「這些規則是否正確」。

畢竟遵守別人制定的規則並不難。換句話說，**停止思考很輕鬆**。

然而，我想大聲告訴各位的是，其實沒有人知道正確的答案。每當遇到新的情況時，都必須自己思考該怎麼辦。

在商業界，除了相關的法律外，沒有其他規則。業界可能會有一些心照不宣的默契，但就算遵守，如果沒有取得成果，當然就不會得到任何人的稱讚。相反地，在大多數的情況下，**只要能夠獲取利益，即便打破規則，他人也會認為這是正確解答**。

「自己制定規則」這一想法，反而才是事業成功的起點。

◉為何顧客的聲音未必正確？

到目前為止，已介紹在商業上做出創新的企業，完美消除顧客痛點的案例。

我的朋友，布蘭登・希爾（Brandon Hill）是btrax Japan有限責任公司的CEO，這是一家在舊金山和東京皆有據點的設計公司。他曾說「顧客至上主義的設計重點並不是用戶」，這究竟是什麼意思呢？以下就來說說我自己的見解。

大量生產汽車的福特汽車是徹底將人類的移動手段，從馬車轉變為汽車的公司。當時顧客的需求是「想要高速行駛的馬車」，因為當時大部分的人都不知道汽車這一交通工具。

當時，福特汽車並沒有把重點放在馬車的性能上，而是深入思考顧客的需求，看穿其中的本質是「想要快速移動」，這是福特汽車獲得空前成功的瞬間。

因為福特汽車**將顧客的問題「抽象化」，找出隱藏在背後的「本質」**，由此得知移動手段並非只限於馬車。

另外在銷售方面，福特汽車對外的說明也非常出色。事實上，賓士首次發明具備內燃機的汽車時，出現了一個問題——很多人都覺得那是「惡魔的交通工具」，覺得很害怕。

畢竟與馬不同，是一種不是生物的東西在移動，還有許多人沒辦法接受在鐵車裡燃火，忍不住感到恐懼。如果只是單純地向這些人宣傳「汽車比馬車更好」，沒辦法讓他們輕易地接受。

因此，福特汽車直接點出顧客需求的本質：「大家平時都搭乘馬車，難道不想早點抵達目的地嗎？」並具體提出馬車的問題，例如，「馬車的速度只是比走路快一點對吧？」、「馬匹需要照顧」、「還要支付飼料費用」等，以此提高汽車便利性的說服力。

這是一種可以直接用於解決現代商業問題的方法。

首先，將顧客的需求抽象化，掌握本質，在此基礎上，提出通用的解決方法。如此，顧客接受建議的機率會更高。

為了讓顧客接受新產品或新服務，**必須頗具說服力地將顧客尚未意識到的問題「言語化」**。

於現今推出共乘服務的「Uber」和「Lyft」也是如此。

在推出此服務之前，顧客的需求是「想更快、更便宜地抵達目的地」。如果只是了解表面的意思，那就只會成立一家擁有大量計程車的公司。

然而，Uber和Lyft深入探討「快速、便宜」的需求，推出「共乘」服務。因為開車的人是普通的市民，所以不用增加計程車的數量，市場上也會出現大量有司機的車輛。因為現在的位置和目的地都會上傳到APP上，不僅能夠當作計程車使用，叫車方面也方便許多。此外，共乘的價格低廉，這也是它在以汽車為主的美國迅速普及的原因之一。

除此之外，還有其他公司準確地捕捉到顧客需求的「本質」，推動劃時代創新服務。例如X（前Twitter）是基於「想要更公平、更迅速獲得資訊的手段」這一需求而產生出的服務。

為了滿足這一需求，X（前Twitter）準備了「用戶可以自行發文，供小團體相互交流的平臺」（今後可能會再次修改服務）。

「Airbnb」也在探討顧客的需求後，例如「想在旺季確保有地方可住」、「想找到價格稍微低廉的住宿地點」，從而採取「民宿」的應對方法。

也就是說，先前說的「顧客至上主義的設計重點並不是用戶」的意思是，**答案並不是直接實現顧客的願望**。

經常會聽到「傾聽顧客聲音」這句話，但是從上述的例子可以清楚得知，顧客說的話並不一定正確。這就是為什麼，不管怎麼用問卷調查蒐集顧客的意見，反覆實施行銷策略，仍然無法抓住顧客真正的需求。反而經常可以看到耿直地追求顧客需求的公司就這樣破產的案例。

準確來說，**顧客說的話未必正確，但真正的需求就在顧客中**。

◉「特定問題」的思考啟發

「Netflix」現今是在世界各地提供網路隨選串流影片的OTT服務公司，但在過去，Netflix其實只是一家擁有大約三十名員工的網路DVD租賃服務公司。

然而在一九九九年，這家公司在業界投下震撼彈。Netflix到底做了什麼呢？其實不過是推出了**郵寄到府服務**（Marquee），只要在網路提交申請，就能「用十五美元無限次租賃，而且不須負擔任何運費和逾期罰金」。

這個服務來自於創始者不愉快的經歷，他自己曾因為忘記還ＤＶＤ，被收取鉅額的罰金。

當時的ＤＶＤ租賃巨頭「百視達（Blockbuster）」在得知這個消息時，應該覺得嗤之以鼻吧？畢竟「在下班途中，在車上租ＤＶＤ帶回家觀賞」已經是大眾的固定習慣，再加上顧客沒有準時歸還，就沒辦法租給下一個人，若是不收取罰金，這種商業模式絕對無利可圖。

剛開始Netflix確實陷入苦戰，然而，隨著網路（寬頻）的發展，反而是時代在追趕打從一開始就掌握所有數據，包括顧客趨勢的Netflix。

接著，當串流媒體能夠發布影片時，多虧之前已經利用ＤＶＤ郵寄到府服務掌握客戶訊息和熱門影片趨勢等訊息，得以活用這些數據。另一方面，沒能跟上影片傳輸時代潮流的百視達就這樣面臨倒閉的結局。

順帶一提，Netflix著名的標語看板上寫著「Don't give up on your dreams.

We started with DVDs.」。是不是有種鼓起勇氣的感覺呢？我偶爾都會重新咀嚼這句話。

這是一個創意致勝的經典案例，更確切地說，當時的Netflix**消除了顧客的「痛點」**，也就是「假想的顧客煩惱」。

對租借ＤＶＤ的顧客來說，最討厭的就是「逾期罰金」，這也是Netflix創始人曾經歷的痛。**為了消除這個痛點，才會建立「不依賴逾期罰金的商業模式」**。

訂閱模式是穩定向顧客收取費用的模式，所以無論顧客是否租借ＤＶＤ，交易都成立。此外，分析顧客數據可判斷，有一定數量的人在簽訂契約後卻沒有租借ＤＶＤ，因此即便有部分的人租了不還，也不會對事業造成影響。

各位應該注意到，Netflix完美消除顧客痛點的做法，與先前提到的福特汽車所做的事情是一樣的。

福特汽車為了消除「馬車移動速度慢」這一假想的顧客痛點，拋棄快速的馬車，選擇用「能夠快速移動的交通工具」來介紹汽車。

這裡必須留意的是，**如果是痛點，顧客可以列出一大堆，但是顧客並不會說出像是「希望有汽車！」這種新的解決方案**。

以Netflix的案例來說，顧客會說「討厭逾期罰金」、「有沒有不用繳逾期罰金的DVD出租店？」，但絕對不會說出「希望有訂閱制度」。

仔細想想就能知道這是理所當然的事，**畢竟顧客關心的是自己追求的利益，而不是提供服務的公司會獲得多少利益**。顧客怎麼可能會擔心沒有收取逾期罰金的DVD出租店是否會倒閉。

然而，Netflix的創新之處在於，挑揀出顧客的聲音（痛點），捕捉到問題的本質，並對此做出回答——創造出一種既能夠創造利潤，又不用考慮逾期罰金的商業模式。

◉不能讓社會所謂的「正確」奪走人生

已經向各位介紹在商業做出創新的企業，完美消除顧客痛點的案例。

我認為，從個人職涯來看也是如此。換句話說，**在思考個人職涯時，他人經常提起的「痛點（煩惱）」解決方案，未必適用於自己**。

過去常見的痛點，都是針對學歷、公司名稱和頭銜等的煩惱。

世上有許多解決這些痛點的「應該論」，例如「應該考上著名大學」、「應該去一流的公司上班」等，這些在以往對大部分的人來說是正確解答，但那個時代已經結束了。與學歷和公司規模無關，以實力出人頭地的人才愈來愈多。

那各位現在的痛點是什麼呢？

如果連自己的問題都看不到，那我認為你需要的是「新的標準」。**建議從自**

己就職的公司、組織、團體以外的「標準」，對自己進行後設思考。

當長期待在同一間公司、組織、團體，就會因為不知道自己離開這裡後會發生什麼事而感到不安。結果就是，愈來愈難邁出「第一步」。

我當然也知道一般人很難有勇氣走向「外面」的世界。不過，我希望這些人可以意識到的是，沒有必要完全拋棄現在所在的地方和條件，隻身一人走向「外面」的世界。

一開始可以在確保自己隨時能夠回到自己所在之處的前提下，以稍微參與其他地方的方式來了解「外面」的世界。

藉由這樣的方式與「外面」世界的人進行交流後，可能就會覺得公司內部那些似是而非的事情就像鬧劇一樣，也或許反而會重新認識公司的優點。

無論怎麼說，**如果不了解「外面」的世界，就無法客觀地觀察束縛自己的環境，也不可能清楚了解對自己來說，身處在那裡是否幸福。**

此外，對於沒有公司名稱和頭銜的自己還有什麼樣的價值？這一問題，實際體驗一次後，這個經驗將會成為人生的一大財富。因為所有人最終都會回到沒有公司名稱和頭銜的自己。

◉不要害怕風險，勇敢走到「外面」

有許多個人案例是，跳脫現在的小框架，走到「外面」後變得積極活躍。我的熟人坪內知佳小姐就是一個例子，電視劇《企鵝先鋒！》（日本電視臺系列）就是改編自她的真實故事。

她原本夢想成為空服員，考上一所外語大學，結果卻因為傳染病等原因身體長期出問題，甚至因為誤診為惡性腫瘤，預期所剩壽命不長，導致人生發生天翻地覆的變化。

她最後以身體不適為由從大學退學，與丈夫和孩子搬到日本山口縣，在那段日子與丈夫離婚，成為單親媽媽，還與朋友一起創立一家翻譯諮詢公司。可見她從年輕時就過著波瀾萬丈的人生。

在她作為諮詢的一環，參與當地水產業工作時出現轉機。在此之前，她一直過著與水產業毫不相干的生活，但隨著了解水產業的世界，她注意到加工、流通、銷售過程中都存在著浪費的現象，以及法律尚未完善的部分。此外，她因為自己的病史切身感受到飲食的重要性，於是她召集當地的漁民共同參與水產的六級化產業（※）。

由此建立了新的商業模式，漁民不再只是將魚貨批發到市場，還能直接加工、流通、販售，目前這一套商業模式已經拓展到日本全國多個漁港。

她說一開始其實遇到許多困難，畢竟自己完全是這個領域的外行人，還是一

※**六級化產業：**農林漁業者（一級產業）為了提產品的價值，不僅生產，還進行食品加工（二級產業）與流通、銷售（三級產業），以及刺激農林水產業，使農林漁業相關業者的所得（收入）增加。

個帶著孩子的女性，隻身就闖入據說脾氣大多不好的漁民世界。儘管如此，她還是建立了一個與餐飲店等客戶聯繫的網路，快速提供客戶需要的新鮮魚貨，從而形成互利互惠的體制。透過自行加工、流通，不僅漁業相關人士的收入增加，消費者和餐飲店還能夠快速買到新鮮魚貨，顯然是個雙贏的商業模式。

順帶一提，在美國有一種讚揚文化，將不怕風險第一個接受挑戰的人尊稱為「第一隻企鵝」。

上述是較令人印象深刻的例子，但我覺得在現今這個時代，做到類似事情的人已經愈來愈多。當然，也不一定要創業，活用擅長的事情，將其當作「副業」或「複業」也是不錯的選擇。

關鍵在於**走到「外面」，找回「自己選擇人生中任何事情的自由」**。這才是讓自己快樂，也是連同家人、朋友、顧客一起愉快生活的祕訣。

在下一章中，讓我們逐一拆除「固有想法」。

第 2 章

擺脫既定想法的自由思考法

◉不曾失敗的人

在第二章將來介紹拋開既有的想法，走到「外面」的線索和方法。

人本來應該可以按照自己的想法自由自在地生活，但往往會忍不住在意周圍的視線和意見，導致無法隨心所欲地生活。究其原因，我認為是「固有想法」將自己關在狹小的世界中。

每當提及固有想法時，我總會想起以前的團隊成員，現日本微軟顧問的小柳津篤先生。他曾是微軟的區域總經理，但當時他放棄這個頭銜，成為我們團隊的一員，是個非常自由的人。頭銜對他來說並不重要，他單純覺得我的團隊很有趣，即便要回到一個普通員工的身分，他也願意參加。

有一次在一個一對一的會議上，他說了一句話。

「我從來沒有失敗過。」

單聽這句話，各位應該會覺得他是個過度自信的人吧？但他下一句話是「不過是結果和我想的不一樣罷了」。

各位不覺得很有趣嗎？結果不如預期，在很多人的眼裡就是失敗。照這樣的想法，他確實是失敗了。不過，他並不覺得那是失敗，而是認為「**只是預期和現實不同而已**」。

換句話說，單純是「解釋」的方式不一樣。

一個人一旦失敗，會不自覺地感到恐懼「害怕會再次失敗」。

然而，他並沒有把大部分的人所謂的失敗當作失敗。既然沒有失敗（不認為失敗），下次行動時也就沒有害怕的理由。

「本來以為會成功，結果卻出現預期之外的結果，下次再試試看其他方法好了。」

像這樣透過反覆的行動和修正來最佳化，一步一步朝著目標前進。

當時的我對自己的失敗相當苛刻，到今天也還是有這樣的傾向，但看著他我恍然大悟，「原來還有這種生活方式，失敗取決於我怎麼看待這件事」。

關鍵在於，**不把失敗視為失敗的「想法」**。

這個道理不僅可用於失敗，在想要改變自己心中的煩惱和固有想法時也適用。只要反覆對自己說這句話即可。

沒有必要特別公開告訴其他人，但最好能夠將這個「想法」寫出來，例如在筆記本或便條紙寫下「就算預期和現實不同，也不要視為失敗」，如此就能維持在隨時看得到的狀態。

◉人不再從容時，就會犯下一些荒唐的錯誤

認為失敗為失敗，是事情的「解釋」問題，可以根據「想法」而改變。

確認這一原則後，現在要思考的是，當一個人被他人認為在重要的選擇或判斷上失誤時，是處於什麼樣的狀態？這是因為，如果事先知道犯錯時的狀態，就可以提前做好準備。

首先，我認為人會在重要的選擇和判斷上失誤，一定是處在失去「從容」的時候。

我有一位朋友曾在X（過去的「Twitter）說過「無論是多麼聰明的人，一旦失去從容，就可能會犯下荒唐的錯誤」，我認同這個說法。無論是在工作還是生活中，「從容」都是必要的。

從容的定義因人而異。可能是時間上的從容、金錢上的從容，亦或是體力和能量上的從容。此外，也或許是情緒上的從容，因為無論是誰都會有焦躁、煩悶的時候。

共通點是，人犯下難以置信錯誤的當下，大多都是失去從容的狀態。

順帶一提，我的情況是肚子餓的時候，在沒有多餘的能量時，無論怎麼做都會覺得煩躁，導致犯下平時難以想像的錯誤，或是判斷力變得遲鈍。

重點在於要事先知道哪些因素會使自己失去從容。

「為什麼總是犯下相同的錯誤？」

當出現這個想法的時候，就是機會。關鍵就是，要對自己進行後設思考，清楚說出自己在什麼時候會失去從容。

可以的話，也告訴身邊的人這件事，有助於降低犯下重大錯誤的風險。此舉也有助於保持良好的人際關係，畢竟失敗可能會使人際關係變得尷尬。

以我自己為例，自二〇二〇年辭職創業後，與內人相處的時間增加，所以我事先告訴她，自己在肚子餓的時候會失去從容。此外，在行程安排愈是緊湊的時候，我愈會將吃飯時間的優先度提高。

每個人失去從容的原因與失去從容時的「臨界點」都不同，因此，沒有所謂的正確答案。有許多人會由於睡眠不足失去從容，但是睡眠不足的定義每個人都不同，有些人要睡到八小時，有些人只要睡五小時即可。

這部分涉及到隱私的問題，但正因為如此，與值得信賴的人共享這件事，才能夠維持珍貴的人際關係。

還有一點想補充的是，人並非只在負面狀態下會失去從容。舉例來說，自信滿滿地認為「我無所畏懼」、「我所向披靡」的人突然不小心犯下大錯的例子屢見不鮮。即便是自信心過剩的時候，實際上也極有可能是處於失去從容的狀態下。

遇到這種情況時，大多無暇顧及自己。

人在出現負面情緒時，往往會產生「找出原因」的想法，從而有助於後設思考。但當一個人變得傲慢時，就會因為無法思考而感到恐懼。

擁有自信本來應該是正向的情緒，但有時也會成為剝奪從容的情況。

◉「只要遵守這點就OK」讓自己獲得自由

回到「固有想法」這個話題。假設各位搭乘手扶梯時都會站在右側，或是搭乘捷運時，即便車內沒有人，也不會坐在博愛座上。當然，在人潮壅擠時，站在手扶梯右側會比較安全，空著博愛座不坐也有其意義。

不過，各位是否總是在下意識遵循這些默契呢？

我想要坐著時，不會考慮是否為博愛座，看到空位就會坐下來。不過，如果遇到看起來需要坐著的人，無論是否坐在博愛座，我都會讓位。對我來說，由於坐在博愛座而讓位是件沒有意義的事，如果有人有困難，無論坐在哪裡我都會讓座。對我來說，「全部的座位都是博愛座」。

在商場上，也有許多固有想法、刻板印象、心照不宣的默契等。例如，各位任職的公司或組織是否有多到數不清關於ＩＴ的規則呢？

不少公司都有與ＩＴ相關的「禁止手冊」，例如「不能使用ＵＳＢ」、「不得將電腦帶出公司」之類的。

公司為了防範訊息洩漏，羅列了大量「禁止手冊」。然而，只要仔細想一想就會知道，無論是否有規定，理應都必須防止訊息洩漏。

也就是說，**需要的不是「禁止手冊」，而是防止訊息洩漏的「機制」和「意識」**。

我曾任職的微軟公司，從很久以前開始就可以使用私人電腦，不管從哪裡都能夠登入系統，是一家幾乎沒有「禁止手冊」的公司。

唯一的限制是，在使用公司內部資源時，必須驗證身分。換句話說，只要能夠識別用戶身分，就沒問題。

這種「只要遵守這點就OK」的想法，對於像我這種懶得每次行動都參考規則手冊的人來說，工作上會更簡便、舒適。

儘管已經制定非常多「禁止手冊」，公司的訊息依然時常洩漏，**原因就在於員工只是受制於規則，沒有深入思考「如何避免洩漏訊息」的本質**。

與我交談過的商務人士，每個人的工作態度都相當認真，無論是在家裡還是週末假日，都希望能夠搜尋數據。在因為孩子或伴侶的關係，工作沒辦法在平日完成的情況下，如果無法用個人電腦工作，就沒辦法利用晚上或週末趕工，然而，會議卻都是從週一早上開始。假設如此，為了不被公司發現，員工可能會使用具有危險性的網路來工作。

愈是增加「禁止手冊」裡的禁令，人就愈熱衷地尋找漏洞，到頭來卻忽略了最重要的本質——不可以洩漏訊息。

這個想法可以直接適用於個人的「固有想法」。

也就是說，最好不要將強加於自己的規則製作成「禁止手冊」。

相反地，**建議設定最低限度的規則，即「只要遵守這點就OK」，讓自己的行動不受束縛，最終也會減少失誤的發生**。

◉從他人眼中解放

就我看來，要說為什麼要制定「禁止手冊」，主要是因為「他人的眼光」，製作的人將「他人會怎麼想？」當作判斷的標準。

在這個世道，**由於在意外界如何看待、評價自己，從而限制了自身行為的情況屢見不鮮**。

如果總是在意他人的眼光，情緒因他人的評價而起伏，就會逐漸失去自信，懷疑自己所作所為是否正確。

舉例來說，即便認為自己擅長烹飪，在有意識地與他人比較，像是「A更擅長料理」、「B好像得過料理比賽冠軍」後，就會認為「自己的實力不過是井底之蛙」、「我沒有資格說自己擅長烹飪」。

只要想著「我擅長料理就OK」，沒有必要理會他人說什麼。就算其他人真的說了什麼，也只要回一句「是喔」即可。

反過來思考就能看到本質，**只要自己覺得「這樣就OK」，便不會與他人比較，自然就會成為獨特的存在**。正因為每個人都是獨特的存在，當然是由自己來決定「這樣就OK」。

曾經有位學生問我「和他人比較固然沒有意義，但如果不與他人比較，就不會知道自己擁有什麼樣的個性不是嗎？」，有些人確實會抱持著這樣的想法。

不過我的想法是，首先，這個世上只有一個你，從這一刻開始「個性」就已經存在。並非透過比較才能夠了解自己的個性。

畢竟**周圍的人是別人和你本來就不一樣**。

我認為應該把「**我要做自己想做的事**」這一想法放在最優先的位置。

沒有必要做一些與他人相同的事情，例如環遊世界尋找自己、與他人在同一領域競爭優劣，哪裡有正確答案，就跟著去做，並不會提高自身的價值。不是要說這麼做有什麼不對，只是希望各位能夠注意到一件事：**「你的價值」與他人的評價毫無關係**。

「既然都要做料理了，還是想要做得完美，如果做得不好，就不能說自己『擅長料理』……」我發現大部分的人，想法都太過於糾結。

若是怎麼樣都說不出「我擅長○○」，那就說**「我喜歡○○」就好**。

在我眼裡，現今已經逐漸演變成，自由按照「自己定義」行動之人大顯身手的時代。

◉按照「自己定義」行動的時代

按照自己的定義而非他人的定義行動，這也跟序章提到的去中心化網路Web3.0時代的到來有關，可以說行動模式大幅出現變化。

隨著區塊鏈技術的發展，世界上有許多事物逐漸從中央集權型轉變為社群型。就連組織也轉變成一種名為DAO（Decentralized Autonomous Organization分散式自治組織）的非中央集權型組織。

在這樣的世界觀下，**人能夠自由活動，不受組織的束縛，將自己的特長、技能，尤其是「喜歡的事情」、「想要做的事情」轉化為行動**。思及此各位不覺得興奮雀躍嗎？

因此，Web3.0的時代被稱為是「個人時代」的到來。

此外還有一個重點是，隨著世界中的數據量大幅增加，各種思考方式和價值觀等變得更加開放。

我將這個情況稱為「**各種事物都顯露於世的狀態**」。

現在已經完全顯示出，即便不再因為是「必須做的工作」，繼續忍受做著自己不喜歡的事，也有愈來愈多人在喜歡的時候用喜歡的方式做喜歡的事，活得幸福自在。

不只這點，還顯露出他人決定的常識、規則、價值觀等他人的定義絕對不是正確答案這一事實。同時大眾也知道了，就算忍耐也沒有人會認同自己。在這樣的時代中，**生活上所有的一切必須按照自己的定義，才能活得既幸福又滿足**。

前面已經提過，不進行比較也能夠了解自己的個性。個人認為，從Web3.0的邏輯來說，對於「個人時代」的認知更能襯托出這種觀點。

至今為止，個人的資質和喜好一直遭到忽視。**在強調相對比較的世界裡，手握權力的是決定優劣場所（平臺）的人**。其中最具代表性的是，所有被稱為平臺的大型企業或組織。以體育界來說，指的是IOC（國際奧林匹克委員會）和FIFA（國際足球總會）等，他們擁有「競爭的平臺」，所以能夠吸引鉅額的資金。

因此，出現了Web3.0這種與之相對的概念。也就是說，現在已經掀起，從由平臺掌握的所有數據，無差別讓各種人隨之起舞的世界中擺脫束縛的運動。

不過，這些平臺絕對不是為了騙取人們的錢財，讓人過得不幸而活躍。正因為在某個時代透過這些平臺解決問題，才會層出不窮地出現新的創意。

化石燃料汽車在現今備受詬病，但汽車一開始卻是非常方便的存在。是一個解決人類一大難題的方法，例如可以到達走路到不了的地方、可以一次運輸許多人和物品，而且至今依然如此。

汽車本身是無辜的，問題在於數量太多，導致二氧化碳排放量等問題。簡單來說，**無論是物品還是組織，只要過於增長，就會被視為是問題**。物品或組織龐大，會產生出破壞環境等問題，還會因為資本集中導致貧富差距過大。剛開始大家應該都是出於善意而行動，但平臺不斷壯大，最終的結果就是會對社會產生極大的傷害。

重點在於，不僅要將他們當作壞人加以打擊，還要以另外一種方式創造出新的創意和解決方案。

一旦習慣了一件事就很難改變，例如，即便要求，人類也做不到「不要開車，改回搭馬車或騎自行車」。

這也就是為什麼要用不同的方式解決社會和經濟上的問題，例如，創造出電動汽車，以及利用共享汽車來減少汽車的數量。

各位現在所處的時代，是一個各領域都萌生出根本性改革的時代。從中長期的角度來看，無疑是站在一個重大的時代轉捩點上。

◉因為「不願改變」而無法改變

看到這裡，各位讀者中應該有些人會感到興奮、激動，有些人則是會覺得有點忐忑不安，或是難以想像時代的變化。

當我以Web3.0和DAO為主題進行演講或發表時，也有許多人不太能接受。可能是因為他們至今的人生中，基本上沒有在去中心化組織中生活的經驗。

首先，在日本出生時，通常都會得到日本國籍，所屬於日本這個中央集權型的國家，在學校這地方接受中央集權型的教育，畢業後，大部分的人會在名為公司的中央集權型組織工作。就連私生活也是由一個叫做地方政府的中央集權型組織提供服務。

因此，人的一生中大部分的時間都在中央集權型組織中度過，並理所當然地覺得那種狀態才是「正常」。要跳脫長期所處的環境，以及在那個環境所累積的經驗下所形成的固有想法，走向「外面」並非易事。

但是，我想要大膽地告訴各位**「無法改變」不過是個固有的想法而已**。

其實不是無法改變，而是內心「不願改變」的意志更為強烈。

要說為什麼會有那種意志，我認為原因在於「恐懼」。因為不了解外面的世界，也不太懂走到「外面」這個行為，讓人不自覺地陷入一種防禦心態，而這種心理狀態就會在內心形成預設值。

我同時擔任多家日本公司的顧問，令人訝異的是，絕大多數的人都只待過一家公司，其中甚至有比我還要年長的人。尤其是在部分上市公司，完全沒換過工作的人數遠遠超過想像，而且幾乎是都是以終身雇用為前提錄取的員工。

於是，當這些人聽到他人說「讓我們來了解一下外面的世界」時，往往會從不是零就是一百的角度來思考，就好像他們必須換公司或是創業一樣。而且因為只待過一個組織，他們自然會認為換工作或獨立這一行為就像是進入另一個世界一樣危險，也難怪會感到害怕。

因此，我總是會對他們說「不是叫你馬上離職！」、「就算走出去也不會死！」。非常多人覺得往外面踏出一步很可怕，就好像會有箭或矛射向自己一樣。

於是，我最常建議的方法是，**將重心放在現在所屬的組織，並積極與其他世界接觸**。

就像是籃球裡的「軸心腳」（拿著球的選手以一隻腳為軸，移動另一隻腳改變身體方向），固定軸心腳，拓展觀看、體驗的世界。這時候處於軸心腳無法動彈的狀態，但只要一隻腳踏到外面的世界，所見所聞就會大幅改變。因此，我建議從這一步開始會比較好。

在這個過程中，於公司安排的場合外，請**盡量創造出讓他人對自己說「謝謝」的時間**。

無論是什麼都可以，例如幫助地方政府、幫忙當地搗麻糬活動的運作、參與志工活動等，做出一點貢獻。利用擅長的技能在不同於工作的領域幫忙，也可以在工作以外的時間挑戰新事物。

平時的自己走到「外面」的世界，不斷做出接觸新價值觀的舉止，在這一過程中，應該就能夠慢慢地對自己的「固有想法」進行後設思考。

◉工作和私生活逐漸融合

這麼說來，我從工作多年的公司走向「外面」世界的第一步，也是參加某個志工活動開始的。

在微軟獲得演講獎時，我認識了同為被提名人之一的大谷まり（Otani Mari）小姐，她與一個支援菲律賓兒童養護設施，名為「PARASAIYO」的NPO團體關係密切，我因此有機會作為演講講師參與PARASAIYO舉辦的活動。活動的收益全部捐給慈善機構，所以我的報酬是手工餅乾。

在參與此活動後，其他作為志工參加的人紛紛前來邀請我，對我說「也請來敝公司演講吧」、「我們也有參加其他社群活動，請務必也一起參加」，於是一傳十十傳百，愈來愈多人找上門來。

現在仔細想想，那次的志工活動聚集了許多像軸心腳一樣，在多個領域活動的商務人士，所以對我來說是一個獲得「外界標準」的絕佳機會。

此外，與日本微軟的技術傳播者，現任執行董事的西脇資哲先生的相遇也成為很大的契機。西脇資哲先生與我同年齡，當時他就已經活躍於公司內、外，很慶幸我能夠近距離接觸這個走到「外面」世界積極活動的榜樣。

就我的情況來說，如同上述所分享的，我是以工作上的一項成就為契機與外界溝通，並自然而然地擴大交流。我相信對於今後許多商務人士來說，這樣的機會愈來愈多。不僅複業會成為理所當然，**工作和私生活的活動也會像大理石花紋一樣逐漸混和在一起**。

在COVID-19疫情中，相信已經有不少人體驗了以在家工作的形式，於私人領域工作的環境。

除了在家工作外，工作和私生活交錯，有效利用時間，讓人更容易從事多項工作的環境將會變成理所當然。

我在COVID-19疫情前就已經主張「**工作不等於去公司**」，現在有很多人都已經經歷過在家工作，相信無論是誰應該都可以走向「外面」的世界。

◉「了解」便不再恐懼

過去我有幸與綜合格鬥家青木真也先生談話時，他說了一句非常有趣的話：格鬥技最重要的是「**資訊量**」。

當然，體能的強韌度和動作的敏捷度也很重要，但當成為頂級選手後，最為關鍵的是「了解」對方的程度。

即便是職業格鬥家也難以在訊息匱乏的情況下與對方交手，畢竟不知道對方會做什麼，便難以適當防守。相反地，擁有對方不知道的招式，在比賽中會占據極大的優勢。

在成為頂級選手後，會了解許多彼此的訊息，在這種時候，經驗這一訊息量將會成為決定勝負的因素。也就是說，格鬥訓練是體驗各種不同型態的擒抱、打擊，增加躲避和攻擊方法、身體使用方法等資訊量的過程。

從上述的內容可得知，**不僅是走向「外面」，開啟冒險的旅程，要於現在所處的地方發揮出自身能力的極限，都必須增加資訊量**。

要增加訊息量，就得採取行動，雖說如此，我想告訴各位「**不必用盡全力投球**」。

一邊想像軸心腳，將百分之九十五的重心放在現在的環境（公司等），剩下的百分之五踏到「外面」的世界，光是做到這點，就能夠開啟新世界。

零永遠為零。

但是，只要有百分之五嘗試走出去，至少不會持續是零的狀態，僅僅做到這樣，眼前的風景就會完全不同。

◉首先要改變的是運用時間的方法

在陌生的世界裡或第一次來到的地方、第一次獲得的機會，是要邁出一步還是留在原地？是否踏出這一步，未來的差異會非常大。

之前已經提過，以我的情況來說，是因為擁有演講這一武器，許多地方都對我拋來橄欖枝，這就是我的契機。這讓我第一次察覺到，我擁有「外面」世界所需要的能力，而且幸運的是，還有許多人幫忙宣傳，我的人生才能迎來天翻地覆的變化。

不過，各位必須記住，「頭銜」絕對無法成為武器。**手握自己的武器後，無論是頭銜還是學歷都不重要**。只要邁出第一步，周圍的人自然就會主動接近自己，因此，即便前進速度不快，最終依然能夠活用自己擅長的事情來生活。

若是不認為自己擁有適用於「外面」世界的武器，那一開始只要做一些非常簡單，自己能夠做到的事情即可。**將時間用在幫助他人或協助他人，這就是突破口**。尤其是年輕世代的人，即使還沒找到自己擅長的事情也沒關係，畢竟時間還相當充裕，而且我認為，時間這種東西，無論是誰只要想辦法就能夠擠出來。

每當我這麼說時，總是會有人表示「我工作很忙，沒有時間」。然而，**這個**

「沒有時間」的想法，是「意志」上的問題。

若是仔細觀察每天緊湊的行程，或許會發現並非一整天都排滿非得參加的會議，也不是每個資料都非得由自己親手做。其中應該也有感覺麻煩，認為「我應該不用出席這個會議」，以及秉持著經理可能不喜歡自己等理由，而覺得沒有時間的情況。

拿起這本書的人中，絕對會有那種「討厭每天行程滿檔」的人，所以請試著意識到一件事：並不是真的無法改變，而是「沒有意願去改變」。有這樣的認知後，再來重新檢視自己的行程安排，就會發現真正沒辦法改變的時間其實只有三十分鐘。

這也有助於對自己進行後設思考，因此，首先要挑戰的是，**盡量取消行程表中，本質並不重要的行程。**

◉累積經驗，不再限制於固有的想法

我在本章中反覆強調，固有的想法其實只是意志的問題。

最後要告訴各位的是，人的「固有想法」並不一定是依照本人的期望所選擇。反而經常會出現的情況是：因為不知道其他選擇，腦中只有特定的選項，或是對沒有經歷過的事情抱持偏見。

「VUCA」是在範圍擴大後，用來形容當今世界的關鍵字之一。這個詞是由volatility（易變性）、uncertainty（不確定性）、complexity（複雜性）、ambiguity（模糊性）的首字母組合而成。簡單來說是指「**前景不明朗，情況變化無常，難以預測困難的狀態**」。

例如，幾乎沒有人預測到疫情大流行，也沒有人曾經經歷過如此大規模的流行病。更沒有人預料到，俄羅斯會在疫情期間入侵烏克蘭，持續對國際產生劇烈的影響。

由此可見，**我們周圍的情況和環境沒有什麼是絕對不會改變的，大部分都處於模糊、不穩定的狀態**。更何況在這個時代，沒有任何地方可以保證特定的判斷標準是正確解答。在日本這個國家的學歷、經歷、頭銜、公司規模和業績等，這些都是假象。

雖然要擺脫自己的固有想法，一開始可能會很困難。但是只要鼓起勇氣，一邊固定軸心腳，一邊慢慢地朝「外面」踏出去，無論是誰，最後都能夠轉變成新的自己。

在下一章中，讓我們拋開工作上的「常識」，進一步解放各位身為商務人士的能力和才能吧！

第3章

發現問題的認知能力

◉在工作中找到自己的快樂

商務人士常見的煩惱之一是「工作不快樂」、「都已經這麼努力工作了，業績還是不好，覺得好累」。

毫無所獲的結果所帶來的空虛感，這種感覺與即便要解決的案件不同，最終依然像是在解決類似問題時感受到的空虛感相同。理由因人而異，但有這種心情的商務人士意外地多。

我想告訴這些人一句話：

判斷工作是否完成的標準，由自己定義。

以此為基礎，在「工作的流程」中創造出讓自己感到快樂的要素和標準。也就是說，事先找到屬於自己的標準。

許多商務人士總是會以他人的評價來看待自己的工作成果，例如「是否有達到數字」、「是否得到經理的稱讚」。當然，身在公司這一結構下，如果沒有完成負責的工作，就不會得到認可。

不過，工作的最低要求是「完成」，很少人會定義「過程」。為了掌握工作的完成度，可能會設定幾個階段來進行確認。然而，我認為在大多數的情況下，工作的方法和進行的方式可以依照個人想法自由決定。

如此一來，應該就能夠**在過程中找到樂趣**，例如工程師有自己喜歡的代碼編寫法、業務在月底確認自己的業績超過目標金額會感到愉快、文書人員可以從簡單易懂的書面資料整理法中找到樂趣，此外，我也認識好幾個從排列整齊的數字中獲得快樂的經理。

就我來說，我的快樂是演講成功時會場氣氛融為一體，以及顧客高興的表情。**如果沒有讓自己感到愉快的要素，就必須立即尋找，找不到的話，可能就代表這不是你應該待的地方。**

有些人會將之視為所謂的「飯碗」（為了錢而工作），但如果不把自己付出的時間控制在最低，在年齡增長後，回首逝去的時光，可能會感到後悔。畢竟無論在哪個時代，人在去世時列出的遺憾清單裡總是會有一項「真希望當初把時間花在享受人生，而不是工作」。

不久前，「財務獨立、提早退休」，也就是所謂的「FIRE（Financial Independence,Retire Early）活動」在年輕人之間蔚為話題。當時，網紅Chikirin在音樂平臺「Voicy」上發布，就她所得到的消息，年輕人想要提早退休的原因大多都是因為「討厭工作」。

對此她表示，那種人即便提早退休，也不會覺得幸福。

就我個人的認知，她的意思是在工作中找不到樂趣的人，就算離開職場，也無法找到人生的樂趣。

確實，假設擁有大筆的金錢和大量的時間，卻沒有任何事情可以傾注一生，那可能會在面對漫長的空閒時間時失去方向。可能有些人會認為「到處玩，快樂地生活不就好了嗎？」，但**人在不斷玩樂時，也會追求「充實的時間」**，因此，必須了解自己對什麼會感到快樂。假設四十歲提前退休，按照平均壽命計算，之後還有四十到五十年的時間。在面對如此漫長的時間時，如果生活沒有目標，那可想而知人生會有多麼枯燥乏味。

事實上，有很多人表示，工作到退休年齡，卻不知道退休後該做什麼。甚至有人即便金錢無虞，卻為了生活的目標而再次就業。

其中可能有些人抱持的理想是，二十到四十歲忍耐，做自己不喜歡的工作，到了五十歲就提早退休去環遊世界，不過我個人認為，在年輕的時候去想去的地方會比較好。

因為我現在已經五十多歲了，很清楚等年齡大了，體力下降後再去旅行，在旅途中動不動就會感到疲勞（當然有個人差異……）。二十歲和五十歲的享受方式不一樣，所以如果想去的時候不去旅行，便再也得不到原本期待的旅程。

也就是說，**重點在於無論是工作還是生活，都不要「延後享受」**。

為此，關鍵是要自己定義工作，並在工作的過程中創造出讓自己感到快樂的要素。

如果被別人的評價牽著鼻子走，生活方式就會在不知不覺間背離原本的期望。也許是因為如此，才會有愈來愈多人執著於提前退休，將其視為逃離痛苦人生的出口。

◉不出席報告會議也沒關係

以OECD（經濟合作暨發展組織）數據為基礎的「國際勞動比較二〇二二」（公益財團法人日本生產性本部）表示，二〇二一年日本每小時勞動生產率為四十九點九美元，在OECD總共三十八個成員國中排名第二十七名。

這代表日本人的勞動生產率在已開發國家中算是非常低。究竟為什麼會這樣呢？我認為原因在於「**容許自己時間浪費在無法發揮能力的事情上**」。這就是沒有自己定義工作的成果和過程，只停留在他人規定的正確解答和結構裡。

「無所謂地出席不發言的會議」這一工作情景可以清楚地表示出這一點。在會議上不發言等於是只聽別人說話。在分享報告事項時，應該經常會出現這種情況，但為了聽取報告而和他人分享寶貴的時間，各位不覺得有點蠢嗎？

報告也就表示是「過去的事情」，既然是已經發生的事情，就沒有必要特地抽出時間，大家齊聚一堂分享這件事。

過去的發生的事情只要放到網路上共享，讓大家隨時都可以看到就好。事先分享過去發生的事情，大家再一起撥出時間，做些有意義的事情，例如聚在一起時互相提出想法，藉由交換意見獲得新的視角等，才能夠確實提高生產效率。

你是否像這樣容許自己時間浪費在無法發揮能力的事情上呢？

當然，也許會有人提出異議，像是「是經理叫我這麼做」或是「公司的制度本來就很差」等，但是嚴格來說，我認為**在責怪他人時，就等於是在宣布「自己沒有能力」**。

其中有些人會說「做好分內的工作，獲得一定的認可就好」。

然而，完成分內工作，維持在平均分數，從而提高薪水和地位自動上升的時代已經逐漸走向結束。畢竟，在一家公司長期維持平均程度，反過來說就等於是沒有在成長。

現實是，在勞動市場上，人才的吸引力會隨著年齡的增長而下降。更不用說長期占用公司資源，卻只能維持在平均程度的人，其價值會下降也就是理所當然的事。

海外企業和外資日本公司裡，都有「UP or OUT」的想法。意思是「不往上爬就離開」，聽起來可能會覺得有點冷漠。

但可以說，正因為海外企業和外資公司的員工在如此嚴酷的環境下工作，生產率才會比日本企業還要高。

接下來介紹一個與「UP or OUT」有關的事實。

經調查顯示，**日本的商務人士在社會學習、自我啟發方面「沒有特別做什**

■在社會學習、自我啟發方面「沒有特別做什麼」的人口占比（%）

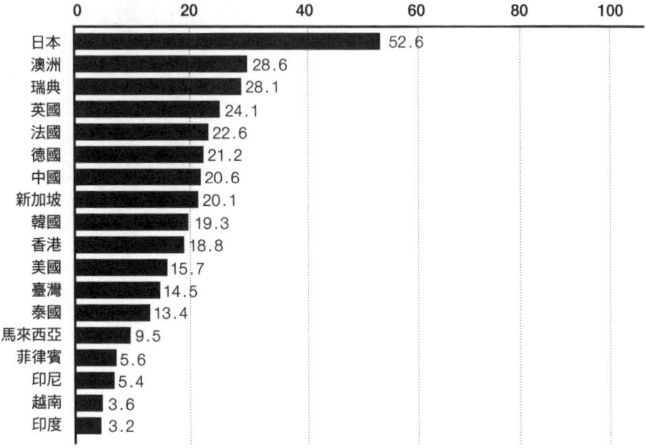

出處：PERSOL綜合研究所《全球就業生態、成長意識調查（2022年）
CPERSOL RESEARCH AND CONSULTING CO.LTD.

麼」的人口占比為百分之五十二點六，遠高於世界商務人士（PERSOL綜合研究所《全球就業生態、成長意識調查（二〇二二年）》）。社會學習和自我啟發可以說是對自己的投資，生存在這不斷變化的時代中，如果不繼續學習新知，自然會逐漸遭到淘汰。

但國外的商務人士也是每天忙於工作，為什麼會有這麼大的差異呢？答案很簡單，因為在海外企業和外資企業裡，**要想生存就必須提升自己**。

作為優秀商務人士，基本態度是投資自己，藉由磨練技能、累積知識，提高自己價值，從而獲得更高度的認可，或是換工作增加年收入。

遺憾的是，事實上即使是在日本被視為是優秀的商業人才，從全球的角度來看卻會認為這個人根本沒有在學習。

所以這些人究竟都在做什麼呢？就我經常聽到的說法，他們為了準備公司內部要用的資料而加班，有時晚上會與同事去喝酒或是接待客人，週末則是和與公司有關的人一起去打高爾夫。如果真是這樣，也難怪日本企業在全球市場上競爭力會下降。

順帶一提，日本企業之所以會如此鬆懈，是因為年功序列制至今依然還存在。針對這個狀況，我曾讀過一篇文章，經營共創基盤股份有限公司的ＣＥＯ

富山和彥表示「就算是大谷翔平選手，進入日本企業仍然要從撿球和收拾球棒開始」。

當日本還在讓優秀人才做這種事情的時候，人才會外流也不奇怪。

◉目標是成為「難以取代的人」

換句話說，在今後瞬息萬變的時代，即便按照吩咐工作，達到平均程度，或是磨練只適用於特定公司或場所的技能，也不會有光明的前途。

在這種情況下，我認為最有效的職涯策略是：

以成為「難以取代的人」為目標。

即便按照他人指示工作，取得不上不下的成績，或者在特定公司或場所的框架中發揮長才，在動盪的時代裡，也有可能無法累積職涯的經驗。畢竟公司岌岌可危時，就連換工作都是難事。此外，即使不考慮換工作，當勞動市場遍布能力普通的人，如果沒有任何加分技能，就無法從這些人中脫穎而出。若只是與他人做同樣的事情，隨著年齡的增長，終將會被他人取代。

為了避免淪落到這種下場，**必須要有一個得到認可，獨屬於自己的能力，讓他人有「這個人具備這個獨特的能力」的認知**。

有了獨特的能力後，就算之後出現其他優秀的人，**自己也能夠獨樹一幟，和別人有所差異**。這與本書序章所說的「創造一個競爭人數只有自己一人的項目，每天都是贏家」這一策略有關。

必須注意的是，「難以取代的人」並不代表「沒有那個人就無法工作」。

也許各位身邊有人從不分享自身工作和人際關係，但這種行為其實會為公司帶來風險。如果因為誰缺席就會導致工作停滯，那就代表組織結構的問題相當大。當工作的流程成為個人的所有物，只要那個人生病，就會讓公司面臨風險。理想的公司結構應該是，即便沒有特定的人，工作業務也能夠正常運轉。

所謂的難以取代的存在，不是以沒有自己整個組織就會陷入停止運轉的方式發揮存在感。而是在他人同樣也能掌握相同工作的組織結構中得到他人認可，創造出讓周圍認為「**還是你來做最好**」的氛圍。這兩者乍聽下相似，但其實完全不一樣。

只要將過程交接，其他人也能夠接手，儘管如此，他人還是認為「這個一定要讓你做」，這才是作為商務人士最有價值的狀態。

◉這個時代就連服務也需要故事

「難以取代的人」是強大的武器，這一事實同樣也適用於公司。將主詞從自己轉變成我們公司後，最重要的是「**成為獨一無二的問題解決者，為顧客的快樂做出貢獻**」。

也就是說，工作是否成功，關鍵在於有沒有具備會讓顧客說「謝謝！」、「好開心！」、「幸好有這個！」獨一無二的商品或服務。

各位是否知道「**XaaS**（一切皆服務）」這一概念呢？這個字是**「X as a Service」縮寫，簡單來說，只要是透過網路提供的服務都稱為「XaaS」**。「as a Service」是以租賃的形式提供服務，也就是所謂的訂閱型的商業模式，對於生活在當今時代的我們來說，是非常熟悉的概念。

X可以放入各種詞彙，例如Infrastructure的話是IaaS、Platform的話是PaaS、Software的話是SaaS。

簡單用SaaS（Software as a Service 軟體即服務）舉例，大部分商務人士平時使用的「Microsoft 365」、「Gmail」、「Salesforce」等都屬於SaaS。提供網頁瀏覽器，無須安裝，也不必建立公司內部系統，只要註冊即可線上使用。

我想告訴大家的是，XaaS已經完全滲透到當今社會，**所有一切都在逐步服務化**。

在這個XaaS世界中，最熱門的職位是「Customer Success」。

Customer Success的意思是「客戶成功」，是主動接觸已經使用產品或服務的顧客，了解顧客期望的結果，並提供實現這一結果的使用方法。從這點可得知，這與解決顧客不滿和問題的客服（Customer support）不同。

過去只要銷售產品或服務，不管顧客買回家後是否有使用，都算在銷售量和業績中。因為交易在顧客將產品放入購物袋時就已經結束，相較於顧客的滿意度，銷售大量產品或服務的業務占據了更重要的位置。

然而，由於XaaS是訂閱制，為了讓顧客願意續約，就必須不斷更新和提高服務品質。同時還要**提供「成功的故事」，作為促使顧客使用的動機**。

各位最近有取消什麼訂閱服務嗎？如果有，那您是為什麼取消呢？我想大概是因為不怎麼使用，或是沒有使用的必要。

這時，提供產品或服務的人必須做什麼呢？身為Customer Success必須要告訴顧客「**如果繼續使用敝公司的產品或服務，就能得到期望的結果**」。

在現今這個時代，許多企業逐漸形成一種商業模式：沒有提供Customer Success，就無法維持合約。**隨著所有的一切都在服務化，銷售的方式也正在發生根本性的變化**。

位於世界股市市價總額排名中位居首位的GAFAM（Google、Amazon、Facebook、Apple、Microsoft），除了以開發、販售數位設備的Apple外，全部都是以XaaS為主的企業。從這點可以看出，這個趨勢正在世界中廣泛蔓延。

◉Apple和法拉利汽車獨一無二的故事

方才雖然將Apple排除在外，但眾所周知，Apple還提供了Apple Music和Apple TV等訂閱服複，還有使用iCoud集中管理各種數據的服務。

然而，說到Apple，還是以開發、製造、販售iPhone、iPad、Mac等設備為主。Apple本身就是一家製造商，但與其他的製造商有所不同。

差別在於，**Apple是一家為了讓人繼續使用iPhone，而販售獨一無二故事的公司**。

這就是為什麼過去史蒂夫・賈伯斯非要花費大量的精力在產品發表的內容上，就是為了以具有說服力的方式廣泛傳播這一故事。

我認為賈伯斯很早就意識到這點，不只是單純將智慧型手機賣出去就好，**而是為了在每次推出新款手機時顧客都買單**，就必須要有一個印象深刻、引人入勝的故事。

當然，iPhone、iPad、Mac等都是功能相當優秀的設備，但即便如此，我仍認為，Apple並沒有將「功能出色的產品」這一特點當作最重要的賣點。

相較下，賈伯斯追求的是「時髦的設備」。

徹底去除多餘部分的簡約設計，不僅讓人對iPhone本身有一種時髦的印象，同時還創造出「**使用iPhone的你很時髦**」這一故事。

如果對這個故事產生共鳴，就一定會成為Apple的粉絲。

這是日本製造商衰退的原因之一，因為日本製造商正是缺乏這種Customer Success的視角。他們也做出設計精美的設備，但那些設備終究只注重外觀是否漂亮，例如流線型的線條、色彩豐富美麗，但不得不說，其中大多都缺乏關於「使用該設備，會讓自己看起來很有型」的故事構想。

如果連顧客使用產品或服務的心情都想像不到，當然無法編造出符合顧客喜好的故事。

獨立研究員山口周先生表示「在今後的時代，無論是個人、企業、產品、服務，**比起『有用』，『有意義』更能夠存活下來**」。

從「是否有意義」、「是否有用」這兩個重點來看，日本製造商確實推出了許多功能卓越的產品。換句話說，在「有用但沒意義」的領域中也有一戰的可能。然而，在今後的時代，「既有意義又有用」或是「沒有用但有意義」的一方，將獲得更廣闊的立足之地。

此「意義」的部分正是引導顧客走向成功的「故事」。

或許有人會質疑「真的需要沒有用但有意義的產品或服務嗎？」，在這類產品中，最具象徵性的例子就是跑車。

由於限速和車道的限制，即便想在日本公路上開跑車，也無法舒適地奔馳。而且跑車不僅噪音大，也很耗油。那為什麼跑車還能夠繼續存在呢？

以下介紹一個有趣的小故事。法拉利是跑車製造商中的佼佼者，產品本身也很優秀、帥氣，不過會讓人忍不住想說「法拉利難道不是個大型的募資項目」嗎？

之所以會有這樣的想法，是由於法拉利打算在世界頂級賽車比賽F1（一級方程式賽車）中奪冠，為了募集比賽資金才建立販售汽車的系統。在知道這件事時，我忍不住笑了出來。

當然，在最頂級的F1賽事上通用的技術也有助於開發其他車型，但**對法拉利來說，最重要的是「繼續參加F1並奪冠」**，而且這個態度始終如一，從來沒有改變過。也就是說，法拉利**最重視的是「乘坐世界最快的汽車」這一故事**。

正因為如此，即便到了去碳化的時代，對法拉利來說，也不能選擇從F1退出，如此受故事吸引的顧客才會持續支持法拉利。

上述是以企業的商業模式為例，介紹了在當今商業界中，成功的重點在於如何幫助顧客實現Customer Success。**是否能夠講述一個引人入勝，賦予顧客繼續使用該產品或服務的故事，是決勝負的關鍵**。

在思考個人的工作方法時，基本上也可以從相同的觀點來看待。

◉寶貴情報自動入手的人所擁有的特徵

為了確保顧客長期使用產品或服務，還必須做到尊重眼前的人，讓對方「心情愉悅」。

以服務業為例理解上會更簡單，尤其是男公關俱樂部和夜總會等服務業，因為能夠真正撫慰顧客，使人「心情愉悅」，所以顧客才會一直光顧。要說他們的服務是什麼，基本上就是倒酒，傾聽顧客講話而已，即便如此顧客還是持續上門，是因為這裡會有人認真聽自己說話，有時還會稱讚自己的努力，在聽到自己的抱怨後出聲安慰。這就是價值，也是從其他地方無法獲得，獨一無二的產品。

若應用在各位的工作中，交流的價值在於「**能夠讓對方心情多好**」。

這並不代表要能說善道、口若懸河。

我認為更重要的是尊重對方的心情，當對方感受到這點，就會覺得「心情愉悅」。

頂尖業務並不一定都是善於言談的人，也有很多不善言談的人能夠賣出產品。從這點可以明顯看出，交流時尊重對方的重要性。

此外，讓眼前的人「心情愉悅」，有時也會發生好事——**寶貴的第一手訊息會自動入手**。

平時交流時表達出尊重，在提出好奇的問題時，對方自然會欣然回答。這種時候得到的訊息，大多都是「只告訴親近之人」的第一手訊息。

如今這個時代，只要在網路搜尋，任何人都能夠輕易獲得訊息，但網路上的訊息大多都是經過加工的二手訊息，無論蒐集得再多，也無法與他人掌握的訊息有所差異。**正因為是現在這個時代，第一手訊息才會如此珍貴**。

我經常在演講和發表時將這些訊息融入小故事中（在得到對方許可後），廣泛地和大眾分享。另外，在個人作業上，我將這些訊息抽象化，作為「通用知識」儲存在腦中。不要帶有偏見地認為這是其他行業，和自己無關，今後請務必多注意第一手資訊，並仔細傾聽，我相信各位一定能夠從中習得知識。

像這樣讓對方「心情愉悅」，是大部分商務人士可以立即實踐，有效提高工作效率的方法。

不過，建議不要只為了蒐集訊息和他人交流。就如同「Brain Pickings」這個詞彙，擅自從他人那裡獲取有用的訊息和知識，從字面上的意思來看就是「從大腦（brain）中竊取（picking）」。

在知識社會工作的商務人士，大多會將腦中的想法做成產品，因此**隨意獲取**

他人的知識和訊息，就等於是在卑鄙地竊取對方腦內的訊息。

有時候受害者可能會是自己。舉例來說，各位是否參加過幾乎毫無收穫的會議、聚會或協商的經驗呢？我自己是將這些經歷歸類為遇到Brain Pickings。

順帶一提，我在與對方談話時，如果察覺到有這樣的徵兆，我會直接挑明地詢問對方「在我們談話的這段時間，我能夠獲得什麼？」。

如果平時就擺出這種堅決的態度，打算做出Brain Pickings行為的人自然會遠離，逐漸就不太會讓自己置身於那種情況。

◉現今在商場上重要的是「持久性」

先前介紹了一種名為SaaS（軟體即服務），藉由讓顧客長期使用，從中獲利的商業模式。

從中可得到一個啟示：**「永續性」這一要素在當今商業界中相當重要**。

SDGs這個開發目標，正是打造永續性的世界和社會。暫時性的成功和解決燃眉之急是不行的，在現今這個時代，各方面所重視的是，是否具備永續性。

雖說如此，並非所有的商務人士都能夠預測未來，也沒必要下定決心致力於永續性的業務流程，因為打從一開始就不可能做得到。

在思考SaaS時，希望各位將之想像成智慧型手機裡的應用程式（APP）。應用程式是以未來會不斷出現新問題為前提而設計的，所以經常需要更新。這種「持續更新」的態度，也是創造永續世界的一種方式。因此我認為，即便曾經提供一次正確答案，那個答案也不可能永遠都是正確的。

全球市值排名第一的汽車製造商特斯拉，正是以這樣的定位來開發汽車。一般來說，汽車會從交到顧客手上那一刻開始折舊。然而，**特斯拉的汽車在交到顧客手中後，仍然會持續更新，以此製造出愈來愈好的產品**。

也就是說，特斯拉的汽車是一種設備，運行的軟體會經常更新，因此品質會愈來愈好。可以說，永續性才是特斯拉的哲學，是受到許多使用者的青睞，以及吸引投資者投下大筆資金的原因。

大家對於特斯拉的儀表板有什麼看法嗎？

相信各位仔細觀察後會發現，大部分汽車的儀表板都有許多接縫，但是特斯拉的儀表板幾乎沒有任何接縫。

這代表「**生態系統的數量與接縫數量相同**」。生態系統是指產品中每個零件的合作。「空調的網子破裂」、「配件箱破了」、「按鈕按了沒反應」等，由於各個零件都有其供應鏈，負責的客服都不同，因此處理故障的業務流程相當繁瑣。只要有一個零件延誤交貨，就無法交車。

然而，以特拉斯來說，就是因為生態系統少，負責的客服也不多，而可以降低成本，加快業務流程。像這種以**永續性為中心的設計，完全體現在他們的儀表板上**。

放眼現在處於VUCA（參照第二章）狀態的世界，所有的企業都因為供應鏈繁瑣而陷入困境。

首先是無人料到的COVID-19疫情，在疫情期間，因為二〇二一年蘇伊士運河封鎖事故，導致物流中斷；俄羅斯於二〇二二入侵烏克蘭擾亂全球供應鏈，迫使許多企業修改建立供應鏈的策略。

特斯拉當然也受到影響，但因其供應鏈相對簡單，可以大大降低需要面臨的風險。

◉只有促使自己改變的人才能存活下來

讓我們將話題拉回個人職涯上。

就如同先前提到的特斯拉儀表板的案例，我認為，在看到某個產品或服務時，**能夠立即將「重點在哪裡」、「潛藏著什麼問題」組織成言語的能力**，對於今後在工作上是否能夠取得成功尤為重要。

當然，在沒有知識和訊息的地方，不可能突然培養出敏銳的洞察力，所以平時就要盡可能地蒐集資訊，最起碼也要學習、理解最近成為話題的關鍵字（永續性、Web3.0、DAO、生成式AI……）。如此一來，在看到剛才的儀表板照片時，就會出現「喔喔！原來是因為特斯拉保證了永續性」的想法或假設。

商業界基本上是透過解決問題為社會做出貢獻，所以後續行動的準確性取決

於，能否自己找到「有哪些問題」。

換句話說，商務人士必須經常詢問自己「用戶感覺如何？」、「問題的本質是什麼？」

此外，在現今這個時代，用戶感受到的問題隨時都在變化，**若是無法持續性地做出應對，就無法存活下來。**

從這個時代的關鍵字是「永續性」來看，設定企業的目的和目標設當作進步的標記是沒問題，但如果將其視為「固定的終點」，便會提高失敗的可能性。

儘管反覆無常，但正因為必須應對不斷變化的目的和目標，「永續性」才會成為關鍵字。

因此，首先要有接受目的和目標經常發生變化的心態，更何況**要想接受不斷變化的事物，自己也得經常改變。**

世界上絕大多數的事情都無法靠一己之力控制。不要說遵守法律，基本上根本無法改變他人的想法和價值觀等。要想在這麼多沒辦法控制的環境下快樂生活，就必須接受自己得因應情況做出改變這一事實，要不然就會陷入非常痛苦的處境。

正如我在第二章所說的，如果困在自己的解釋和執著等「固有的想法」，就無法改變自己，也會失去個人層面的「永續性」。

一般經常會聽到「釐清自己的目的和目標」這種話。

但就我個人來說，我平時會盡量讓自己不在意目標。當然，對有些人來說，有明確的目的和目標會更有動力，方法因人而異。然而，在今後的時代，相較於執著於「在人生中達成一個目的和目標」，過得稍微放鬆一點應該會更好。

只要還活著，就沒有所謂終點，**無論是工作、生活還是人生都是不斷持續的**

過程。

意識到目的和目標並不能成為一切的結論，在所有事物都在「持續」的世界裡，不斷自問「**我現在要做什麼？**」、「**我真的想做嗎？**」，同時改變自己的生活方式，最終才能接近自己所謂的快樂人生。

經常留意改變自己，不拘泥於固定的做事方式和思考方式，視野自然會擴大，也能夠從更高的視角思考。因為擁有不執著任何事物的靈活大腦，可以俯瞰整體情況，大範圍地進行思考「**這個話題是不是和其他事情相通？**」、「**同樣的事情在別的領域也可以適用？**」。

在四十三頁也有提到，**培養將事物「抽象化」的能力**。

直接描述具體的事物並不難，但**只有將具體的事物抽象化，才能夠創造出通用性，擴大選擇的範圍**。

此外，將抽象化的內容與其他具體事物結合，更容易發想出新的點子。

◉煩惱抽象化生活更輕鬆

如果面對各種問題時將之抽象化，掌握主要的重點並組織成言語，就能夠向顧客提出具通用性的點子，從而抓住更多的商機。

這種方法就是所謂的「後設思考」。

就個人來說，是否連自己的煩惱都能夠進行後設思考呢？如果因為組長過於嚴厲而覺得痛苦，與其埋怨那個人的個性，不如考慮包含「組長和自己」在內的團隊在公司內負責什麼樣的工作，或是以俯瞰的方式從管理職和團隊成員的角度來思考。如此一來，也許就能注意到問題，例如公司對組長下達過於嚴苛的目標、協調部門人數方面有問題，或是任務分配不均。

若是陷入煩惱的死循環，請有意識地暫時將自己從這些想法中抽離。

「我究竟為什麼這麼困擾？」
「煩惱的重點是什麼？」
「為什麼會遇到現在這種狀況？」

像這樣**反覆從自己身上抽離、思考、再抽離，徹底深入思考，尋找與其他人的共同點**。

持續思考後，視野就會更加開闊，有助於在最後形成靈活的生活方式，自己就能改變自己。

如先前所述，後設思考也可用於解決顧客的問題。因為用尊敬的態度傾聽顧客的想法，並對問題進行後設思考後，就能夠看清問題的重點。

不過，即便各位用這種方式思考、提案，一定也會有顧客會說「我們公司比較特別」、「我的情況比較特殊」。我在工作上也經常會遇到這樣的人，簡單來說，他們認為「自己和自己的公司不適用一般的解決方案」。遇到這種情況時，我會睜大眼睛地表示「嗯，大家都這麼說」。接著我會提出疑問「您當然很特別、很重要，但是有誰不特別、不重要？」。這個問題有點惡劣，但大部分的人聽完都會選擇沉默。

如果用自己很特別為藉口不去做，那就不會前進。

就解決問題來說，客觀地看待既特別又重要的自己，抓住問題的重點，尋找能夠幫助自己的通用方法，這種做法不是更合理嗎？通常當我這樣告訴對方時，他們才會發覺「總是用自己或公司的角度來看待問題」。

◉比起解決方法，讓他人發現問題更有價值

然而，既然商業活動是解決問題，**那就必須先將問題組織成言語，再提出解決方案**。

常見的失敗案例是只提供解決方案。

「這個產品很優秀。」

「有這個功能很方便。」

「而且價格也很實惠。」

無論怎麼宣傳自己能夠解決問題和產品有多麼物超所值，在對方覺得「跟我無關」的那一刻起，就不能算是好的提案。

前提是讓顧客先察覺到自身的問題，他們才會理解公司的產品是如何解決那

個問題。

「YourNail」是一種讓顧客可以用智慧型手機購買美甲貼的服務。創辦人是位男性，名叫若宮和男，他還創立了以女性為主，宗旨是所有員工都有複業的公司「uni'que」，在業界相當活躍。據他所言，他曾經參加某新創公司舉辦的「pitch（極短演講）」比賽時，從第一句話就失敗了。他究竟是說了什麼呢？

當時的評審都是中年男性，於是，他在介紹時表示「大家應該不會使用美甲貼……」。

確實，中年男性幾乎都不用美甲貼，他說的話也沒錯。但在那個瞬間，理所當然地評審對眼前的美甲貼也失去了興趣，他就這樣錯過了大獎。

在發表的時候，如果將重點放在將問題組織成言語，並提出包含解決方案的意見，情況就會完全不同。

對身為中年男性的評審來說，美甲貼的問題是什麼？（連他們自己都沒意識到問題）。

首先，**必須告訴他們「何謂美甲」**。許多做美甲的女性都說，看著漂亮、時髦的指甲會覺得心情很好。當然，化妝和時尚也會讓人感到愉悅，但如果不照鏡子，但這兩者要照鏡子才看得到。

但指甲是隨時都能看到的部位，正因為如此，指甲漂亮會讓心情變好。簡單來說，美甲是一種隨時都能夠看到，隨時都能購馬上使心情感到愉悅，非常划算的投資。

不過，也有許多女性想做美甲卻沒辦法做，例如工作忙碌、孩子還小沒有空閒時間，或是從事包括醫療相關產業在內不能做美甲的工作。然而，數據顯示，大部分的女性都想要享受打扮的樂趣。

在說了這麼多後，最後再告訴身為中年男性的評審：

「如果將美甲貼當禮物送給這些女性，各位就會成為她們心目中的英雄喔！」

這就是解決中年男性對於美甲貼問題的方法。

如果美甲貼讓平時無法做美甲的女性稍微感到「心情愉悅」，男性應該也會覺得開心。畢竟有很多男性都希望女性能夠露出笑容。送美甲貼給因為工作關係無法做美甲的女性如何？因為自己工作忙碌無法分擔家務時，將美甲貼當作道歉的禮物送給對方如何？這樣就能讓這些評審發現「自己其實也是會購買美甲貼的顧客」。

如此一來，原本沒有意識到問題的人，或是覺得跟自己完全無關的人，也會察覺到這對自己來說也是一個問題，以及是否有人為他們帶來解決方案。像這樣**使問題「個人化」的視角，是決定商業活用和事業化的勝負關鍵**。

我認為，只要能夠具備這樣的說服能力，任何人都可以做到完美的商業提案或是產品發表。

提案和發表的重點不是講得好不好，而是**能否「將問題個人化」，從而說服對方**。

◉利用主語是誰改變想法

將乍看下只與部分的人有關的問題，以許多人的「共同問題」的方式提出。不管問題是大是小，這個方法都可以活用於各位的工作和生活。

舉例來說，如果你是一位組長，覺得「在公司會議上發表時，並沒有將想法完全傳達給成員」，那就**將議題抽象化，使其成為大家共同的問題**，成員自然就會更積極、主動地參與。

當每位成員都開始將議題視為與自己的利益有關的「個人問題」時，就會陸陸續續提出通用性的點子。

仔細想想會發現這其實是個有趣的現象。

由於人類對於維持現狀的偏見，在職場上只要提出一起做出些微改變的方案，一定會面臨層出不窮的反對聲浪。相信各位中也有不少人有過這樣的經驗。然而，這時只要將課題抽象化，解釋成共同的問題，或是替換主詞，大家接受的可能性就會提高。

也就是說，**本身並沒有改變，我們的認知的方式和範圍卻發生變化**。

會議上討論的結果，可能會出現意見完全分歧的情況，儘管如此還是得從A和B方案中做出選擇……這時候也可以運用「大家的問題」這一思考法。這個例子中的「大家」是指顧客、用戶和市場等。

也就是說，不是以「方案」為主詞來思考，**思考「如何讓顧客和用戶開心、**

滿意」才是最重要視角。

我認為**一切的商業活動都是對社會的貢獻**。

這是商業活動最基本的原則，在這世界上幾乎所有的商業活動都會對社會做出貢獻。

順帶一提，如果商業活動不包含社會貢獻，那還剩下什麼呢？對社會沒有貢獻，也就代表在沒有人感到快樂的情況下獲取利益，這已經同等於犯罪。

所有的商業行為，最基本的前提都是對社會做出貢獻。

因此，在剛才的例子中，可以從「對社會的貢獻最大化的是A方案還是B方案？」這個角度來思考。

「最大化」有很多種解釋，是在提供服務的瞬間，使快樂的人數最大化，還是即使只有一小部分的人，但可以持續感受到快樂，這取決於商業活動的設計。

無論如何，我認為**可以從社會貢獻的角度來定義「什麼會讓人快樂」**。不是以「A方案～、B方案～」為主詞，而是以「誰會因為A方案而感到快樂」，也就是以顧客和用戶為主詞來思考，找出使之最大化的狀態。

「將平時的工作進行後設思考」，這句話的意思是**盡可能地遠離以自己或公司為主詞的觀點**。

接下來，尋找讓他人感到深刻或寬廣的快樂，而這個過程就是所有商業活動的機制。

第4章

新時代的管理法

◉主管和經理經常掛在嘴邊的NG詞彙

在上一章中，提到「商業活動中重要的是如何讓他人開心、是否可以解決他人的問題」。

然而，即使團隊成員有這樣的意識，依然有許多作為引領團隊的核心——主管或組長缺乏這種認知。

主要的原因之一是，**在保守的日本公司中，主管職仍然是「榮譽職位」**。為了每年加薪，就必須升遷，升遷後就得帶領團隊……我經常聽到這種本末倒置的案例。

結果，由於員工高齡化，主管層級的人數膨脹，據說最近也有愈來愈多沒有組員的課長。既然沒有組員，也就漸漸地失去擁有管理思考的必要性。

其他棘手的問題還有**主管階層的人過於講究公司內部的制度、政策是否標準等問題**。

通常起手式都是「我們公司～」、「我們部門～」。

當過於講究制度和慣例是否標準時，即便能夠在公司裡隨意地施展拳腳，但工作時最重要的事情卻會變成在公司內順利存活，因而**完全脫離「為了什麼而工作」這個部分**。相信各位應該都看過不少處於這種狀態的主管。

之前提過，在商業活動中唯一必須遵從的是法律，然而完全不問「為了什麼而工作」，在極端的狀況下，就會出現所謂的財報造假、做假帳等問題。這些全都是**將公司內部的情況放在首位所造成的結果**。

因此，在確保商業活動最大前提遵從法律後，最重要的事情是什麼？那就是上一章後面提到的「社會貢獻」。也就是思考「要想讓許多人開心，應該要怎麼做？」。這裡如果主詞是「公司的利益」，在XaaS（一切皆服務）的世界中將不會獲得任何粉絲的青睞，最終導致商業活動失敗。

依照法律做出社會貢獻時，不考慮公司內部的情況或業界的慣例，這就是商業活動。

◉主管真正的工作是「翻譯」

我認為在今後的時代，每一位商務人士都必須從「商業活動是對社會的貢獻」這一角度來看待自己的工作。

不過，公司、組織作為大型器皿，基本上是為了將社會活動最大化而存在，因此可以說，經營者的首要工作就是思考「如何為社會做出貢獻」。

接著，主管的主要工作就是達成這個目標，為此而執行各個任務的就是一般

■經營三階層

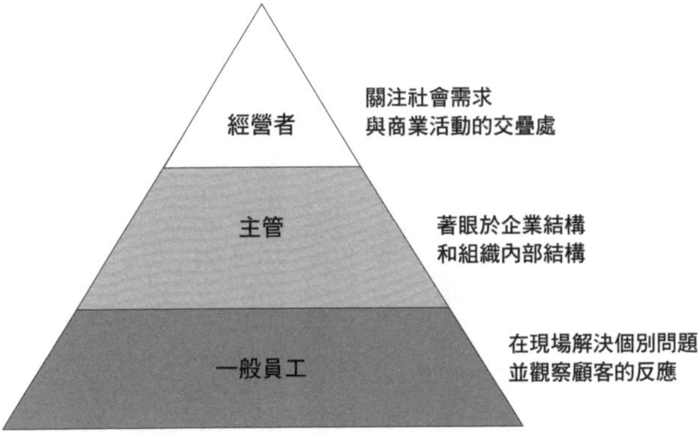

員工。

換言之，經營者關注的是社會需求與商業活動的交疊處，主管著眼的是企業結構和組織內部結構，一般員工看到的則是解析度最高的現場（製造環境和顧客反應）。

我將之稱為「**經營三階層**」。

以下以跑車這個產品為例來說明商業活動。

首先，以經營者的視角來說，跑車的社會貢獻在於能夠讓顧客快樂地行駛。

不過，汽車必須在「安全狀態下」運作各種功能，例如行駛、轉彎、停車等。主管的工作就是將這些調整成適合跑車的狀態。

從一般員工的角度來看，每個任務階段，都必須完成跑車每項特性，例如轉彎時的摩擦力、強力加速、高速行駛的穩定性、下壓力、選購配件等。

於是，主管必須協調「快樂地行駛」這一社會貢獻、跑車的基本功能，以及在確保安全性的情況下，達成其特性的各個功能。因為即便是跑車，光是開發出強力的引擎，沒有其他功能相互配合，就沒有意義。

卡車也是如此。卡車的社會貢獻是「搬運大量貨物」，為此必須開發出功率高的引擎和確保持久性的各種零件。

主管的工作仍然相同，為了搬運大量貨物，要讓卡車在「安全狀態下」運行各種功能，例如行駛、轉彎、停車等。而主管要做的事情就是同時兼顧兩者。

簡單來說，**主管負責的工作是連接經營者和一般員工**。

經營者從俯瞰的角度思考公司的商業活動，另一方面，待最前線的一般員工則是將注意力都放提高自身負責的產品或服務的功能，因此難免會失去從俯瞰角度思考的從容。

可以說，主管的工作本質就是**成為經營者和一般員工之間的橋梁，必須同時兼顧兩者的視角，隨時切換視角，像是個專業翻譯一樣溝通，幫助公司營運**。

◉ 主管經常會成為公司營運的瓶頸

也就是說，在「經營三階層」中，**位於中間的主管，其優秀程度會如實反映在工作和管理的結果**。

然而遺憾的是，就我在主管研修等場合的實際感受，有非常多公司並沒有確實訓練中間階層，以致於無法培養出優秀的主管。

如何做到公司獨有的管理法？除了沒有教科書外，如先前所述，主管大多都是「榮譽職」。

如果缺乏主管該有的資質和執行能力，卻仍然擔任該職務，即便身處的立場是實現經營者的理想，但因為缺乏公司對社會做出貢獻的視角，或是無法脫離一般員工的想法，導致做出偏向於現場的價值判斷。

主管本身是「工作」，卻當作榮譽給予員工，所以才會發生不幸。

這樣的主管，會經常造成公司內部衝突。以上述的卡車為例，本來應該先定義「搬運大量貨物」這一社會貢獻，接著為了實現這個貢獻開發個別功能。然而，只要主管的政策有偏差或是模稜兩可，就會導致一般員工在工作時隨時所欲地追求自己的目標。

舉例來說，假設原本是要生產卡車，卻製造了可以行駛得飛快的引擎，或是開發出太過笨重無法正常行駛的車身，結果就是做出不符合「搬運大量貨物」這一核心貢獻的產品或服務。

但一般員工只是努力做好眼前的工作，因此每個人都會說「我們部門很努力」、「我們部門創造出機能最好的產品」等，於是陷入內部的邏輯之爭。在這種情況下，更不用說以顧客為主詞的社會貢獻了。

照理說，在事情發展到這個地步之前，主管就要針對「運輸大量貨物」這一社會貢獻，對引擎部門傳達需要什麼樣的機能，對製造車體的部門要求應該要優先考慮哪一部分，讓各個部門能夠順利合作。

從這個例子可以得知，**主管階層經常會成為公司運作的瓶頸**。

以目前的情況來說，能夠一邊理解經營者的觀點，一邊了解現場運作的邏輯與員工的「想法」，做出指示或是引導公司員工為社會做出貢獻的人才，在大部分的日本企業中非常少見。除此之外還要禁止部門之間的鬥爭。但遺憾的是，許多主管都缺乏一起朝著相同目標前進的夥伴意識。

因此，從全球的角度來看，多數日本企業的生產率低迷，長期處於企業價值無法提升的狀態。

◉微軟的主管職

前面說了主管階層經常會成為公司運作的瓶頸，但過去我曾任職的日本微軟，針對主管的訓練相當扎實。

另外一個特點是，主管要接受組員對其資質的嚴格評分。如果分數低，還可能會被剝奪主管之位。也有人是由於公司考慮到人數的平衡問題，而失去主管的位置。

但這並不是降級。**畢竟主管只是一個「角色」，不過是覺得這個人不適合這個職位，或是認為由其他人擔任主管整體平衡會更好。並不會減少這個人作為員工的價值。因此，即便公司決定讓一個人回到一般員工的身分，規定好的薪資範圍也不會改變**。

當然，公司對每個薪資範圍的期望程度都不同。例如，薪資範圍會根據負責的銷售金額多寡、覆蓋的領域大小、工作難度等有所不同。但是主管職本身和薪資範圍並沒有關係，這就是第一章也提到過的職務型雇用。

主管只是一個職務，即便放棄這個角色，只要仍符合身為一般員工的期望值，在公司的評估之下，依然還是會在同樣的薪水範圍。

簡單來說，就是**針對職務支付薪水**。

順帶一提，我還在日本微軟任職的時候，主管職可以直接掌控的成員人數是，**每位主管帶七個人最為合理**。這叫做管理幅度（Span of Control），假設團隊成員有十個人，就會分配兩位主管，分別帶一個團隊，反之，如果成員人數減少，主管職的人數也會跟著減少。正因為連人數都考慮，確保將經營方針傳達給每個人，公司才能夠達到目標。

這種**職務型雇用普及後，會評估每個人的適合度來決定「角色」，勞動生產率當然會上升**。

此外，辭去主管職並不是降級這件事從正面的意義來看，人對「地位」的自尊心會逐漸消失。這代表無論被公司分配到什麼工作，自己的價值都不會下降。

當然，職務型雇用並非沒有缺點，如果過於依賴職務行雇用，就會出現人才流動率提高，容易流失寶貴人才的問題。

另一方面，即便是舊有的日本雇用制度，若是運作良好，員工的工作程度也有可能會提高（對組織和工作抱持熱忱，貢獻度增加）。再次強調，職務型雇用並非萬能。

不過，這裡有一個問題，即便是優秀的一般員工成為主管，當事人也不會馬上具備作為主管的能力和資質。還是需要一定的時間訓練，而且也有可能這個人本身其實完全不適合主管職，再怎麼訓練都不會有結果。

在日本微軟，也會嚴格確認員工是否具備擔任主管的資質。是否具備領導團隊成員的能力？是否有能力成為經營者想法和現場員工想法之間的橋梁？當作為主管的資質得到認可，公司才會正式提出升遷的機會。

◉提高一般員工觀點的提問能力

當然，一般員工也有其課題。

現在有許多公司為了糾正員工以加班增加收入的扭曲結構，呼籲職務型雇用的必要性。

職務型雇用是針對負責的工作尋找能力符合的人才，相對的，會員型雇用是統一錄取畢業生，配合組織需求培養人才。目前日本仍有不少公司採用會員型雇用的方式。在這種制度下，畢業生進入公司後會待到退休年齡，代價是必須靈活地應對工作內容和工作地點的變化。簡單來說，這些人不是為了固定的職務而是作為組織的一員做出貢獻。

然而，會員型雇用所錄取的員工，除非基本薪資提高，否則收入並不會增加。在大部分的情況下，晉升也是按照年齡順序，沒辦法靠自己的行動大幅提高薪資。因此，**才會有人無論如何都要加班，將加班費當作提高薪資的獎勵**。進而導致工作延宕，每小時的工作效率下降，結果就是面臨勞動生產率下降的問題。

如先前所述，在已開發國家中，日本的勞動生產率相當低。從現狀來說，除了上述的經濟觀點，隨著不必要的加班增加，勞動生產率下降逐漸壓縮私人生活，還有可能會提高少子化，因此，國家終於有危機感。

順帶一提，有位專業鎖業的工作主要是在屋主遺失房間鑰匙時，從外面幫忙開鎖，我曾和他交談過。

一位優秀的鎖匠，在煩惱的顧客面前，為了盡快打開門，會專注於開鎖並在十分鐘內打開門鎖。顧客聽到每次的開鎖費用是一萬日圓後欣然付款，鎖匠的工作到此完成。

然而鎖匠在回到公司，聽到新人的故事後大吃一驚。據說那位新人尚未熟悉工作，竟花了兩個小時才打開並不難開的鎖。結果，顧客相當佩服他汗流浹背地在門前奮鬥兩個小時，除了原本的費用外，還額外給他一萬日圓的小費。

人的想法真的很難理解。若是冷靜想一想，就會知道十分鐘內開鎖的人工作能力更出色，應該是他得到小費才對。但是當看到有人為了自己辛苦時，便會產生同情心。沒有意義的加班也是，不難想像主管看在眼裡是什麼樣的心情。

接下來請用一般員工的角度來思考。一般員工和主管的眼界不同，因此能夠完全理解主管想法並行動的員工並不多。

因此，一般員工首先應該要有**「自己無法完全了解主管觀點」的認知**，也就是說，重點是要對自己的觀點進行後設思考。

如果能做到這點，有助於在平時面對主管時，**以「希望您將想法告訴我」的態度來工作**。

具體來說，一般員工每天都會直接與顧客溝通，接觸到顧客真實的面貌，因此不妨主動將這個高解析度的形象（顧客形象）告訴主管。接著再以建議的方式尋問主管「我想要採取這個動作來完成公司給的工作，您覺得如何？」。

即便是一般員工，也可以向主管提出新的策略。

主管的工作是成為經營者和一般員工的橋梁，但他們沒辦法連現場的細節都照顧到。因此，如果是想要了解顧客真實面貌的主管，在聽到一般員工這樣的詢問後，會真誠地回答並感謝對方分享訊息。

有一點必須注意是，自己每天打交道的顧客並不能代表全世界的「顧客」。頂多只是自己曾經歷的一個案例，絕對不要以偏概全，認為「全世界的顧客都這麼想」。

無論如何，不僅要將注意力放在現場高解析度的工作上，**還要理解主管看到的世界，如此便有助於提高作為一般員工的觀點**。

◉了解拿不出成果的成員看到的世界

假設現在有一位主管對一般員工說「那種事你自己想」，老實說這就好比在說自己並沒有身為主管的能力。

大概是因為他在過去作為一般員工時立下了汗馬功勞，自然而然地就獲得了一個團隊。**或許以一般員工來說這個人很優秀，但是個人成就與主管的工作是兩回事**。

由於他們缺乏對自己進行後設思考的能力，即便偶爾出現能夠發揮自身長才的機會，他們也可能絲毫沒有自覺。

這樣的主管對於一般員工面臨的問題和苦惱也很遲鈍。常見的情況是，他們會質問那些苦於某個問題，或是因技術不足陷入困境的團隊成員「**為什麼做不到？**」。若是成員能夠解釋自己為什麼做不到，就不會那麼煩惱了……一般來說，自己沒有經歷過這個狀態，就無法對這個問題進行後設思考。

據我所知，日本的主管階層還動不動把「缺乏鬥志」、「拿出毅力」、「現在的年輕人能力真的不行」等掛在嘴巴上。或者把自己的成功經驗強加於他人，例如

「像我年輕的時候……」。

在我看來，**會說出感情論和精神論就只是單純缺乏訊息**。如果不了解現場發生了什麼事，當然就無法提出有效的建議。

如果主管不知道團隊成員的工作進度為什麼停滯不前，代表他「並不想了解團隊成員不了解的事情」，這無異於是在說，自己沒有作為主管的能力。

這個道理同樣適用於一般員工，**在感受到團隊成員中有某個人工作不順利時，必須要了解「那個人看到的世界」**。

當然，旁人不可能直接體會，而且當事人大多也無法清楚說明，只能回答「感覺有哪裡卡卡的」。

其實答案就在那個人的言行中，所以重點在於要努力挖掘出真相。

例如，圓柱體從斜上方看是圓柱體沒錯，但側面看起來卻是長方形。同樣地，大人要蹲下來才會看到孩子眼中的世界。當孩子說「找到〇〇！」時，蹲下來配合孩子的視線，才會知道他們找到了什麼。

主管也是一樣，**必須擁有能夠配合對方或理解對方觀點的想法和行動**。

◉主管的工作是和成員對話

「我是這麼想的，那你呢？」

利用提問來理解彼此之間的差距，是主管與團隊成員對話時的重點。

身為主管還必須**「接受」對方的拙見和行為**。無論是誰都能夠指出他人的缺點，說出「所以你才做不到」這種話。因為與對方的觀點本來就不同，在以上位者的視線評價對方時，最好先從對方的角度檢視自己。

在我眼裡，「**主管的工作不外乎是與團隊成員溝通**」。即便是在日本微軟，也認為「一對一會議」是主管的首要工作之一。

在一對一的會議中絕對不能做的事是審判對方。如果尚未在兩人獨處時了解事情經過就定罪，例如「那樣不行」、「那是你的錯」等，一對一會議就會成為一個令員工恐懼的場合。

主管也不可以喋喋不休地倡導自己的主張，反而安靜地聆聽對方暢所欲言才是主管的工作。主管只有闡述自己的**失敗經驗談**時，才能夠讓自己說的話發揮出效果。畢竟這些話對方也比較容易聽得進去。

儘管如此，在工作方面有時候也會有希望對方改善的地方，在這個情況下，什麼樣的傳達方式才可以達到效果呢？

關鍵在於「**事實**」。團隊成員在工作上出了問題時，如果沒有意識到問題所在，即便再怎麼指出「不好」，對方也不會理解。

為什麼不好？如果不將事實共享，就無法說服對方。

例如，團隊中某個成員說話時帶有攻擊性，導致團隊氣氛緊張，但本人卻不覺得自己的發言具有攻擊性。這時可以和對方一起看線上會議的畫面，一邊詢問「你覺得這場合的對話如何？」、「在你看來，對方能安心的發言嗎？」。

接著再準備一個確保心理安全感（※）的溝通範本，以「你不覺得這種溝通方式，對方會比較安心嗎？」這種方式，就問題點達到共識。

當那位成員尚未意識到問題時，即便突然指責對方「這種溝通方式很有問題」，成功說服對方的機率並不大。如果對方有這麼做的理由，或是可能缺乏對主管來說可以說是基本的商業常識和知識。所以此時要做的第一件事，應該是讓雙方的認知一致。

若是始終不能以客觀的「事實」為基礎，彼此分享問題點，對方就不會知道該怎麼改變才好，當然也就無法改善問題。

※**心理安全感**：在組織裡能夠安心地向任何人表達自己的想法和心情，而且其他成員也不會因此拒絕或懲罰自己。

從這方面來說，衡量主管資質的關鍵在於，**想要與團隊成員競爭的人不能擔任主管**。與成員競爭，就很有可能會做出利用地位來評價成員，或是因為嫉妒批評成員等行為。

相反地，會因為成員坦率的意見感到開心，或是由於某種意義上「被徹底擊倒」而感到愉悅的人，更適合成為主管。

我認為能夠不斷地告訴團隊成員「你很厲害」的主管，人生會非常幸福。因為每位成員都會活用自己的特長幫助主管，團隊的氣氛也會愈來愈好。

◉建立一個不再重複相同失敗的環境

一對一會議的另一個難題是如何處理團隊成員的失敗。

如果成員是因為某些目的而故意犯錯，或是螺絲鬆落掉以輕心，那當然要指出來。

然而，若是不是上述的情況，就必須要**詢問他們是否從失敗中「學到了什麼」**。要讓成員知道，無論什麼樣的失敗都會有值得學習的地方。

以我自己為例，當團隊成員失敗的時候，首先我會告訴他「你做得很好」，以稱讚對方的挑戰精神為開頭。只要抱持著歡迎成員失敗的心態，就能夠享受主管的工作。

說到反省失敗的原因，一般會覺得應該要本人自己反省、思考、改善，但我認為主管應該主動介入。

因為主管必須**建立一個不會重複相同失敗的環境**。

已經發生的事情無法改變，為了不再出現第二次，**要抱持著刨根問底的態

度，卯起來詢問「出了什麼事？」、「有什麼需要的嗎？」。

所以在成員犯錯時，就算詢問「出了什麼事？」、「你認為是外在的原因嗎？」、「還是問題出在你自己身上呢？」也沒問題。如果緊接著繼續問對方「你現在有什麼擔心的事嗎？」、「你覺得自己是否有不足的地方呢？」就能夠共享對方的煩惱和不安，並針對問題改善進行訓練。

主管的工作是建立一個讓成員能夠專注於工作的環境。如此，在成員表示「不管怎麼想都覺得這個工作不適合我」時，就能夠立即分配給其他人。

這些事都要頻繁地溝通才能夠了解，如果缺乏詳盡的溝通，成員就有可能會一而再再而三地犯下同樣的錯誤。

◉對他人感興趣是「意志」的問題

先前已經提過，主管職的工作是將經營者追求的社會貢獻（商業活動），與一般員工看到的視角相互聯繫。而且還說明了，藉由一對一會議反覆與一般員工溝通是主管的首要職責之一。

從這兩點可得知，對主管來說最重要的基本態度是——

「**對他人感興趣**」。

有些人覺得要做到這點很困難，或是覺得自己無論如何都無法對他人產生興趣，但我個人認為怎麼可能做不到。因為**對他人有沒有興趣不是技術上的問題，**

而是個人意志的問題。

也可以將「他人」稱為「顧客」。

假如團隊成員表示「客人好像對我們公司的產品沒興趣」，但是這個發言不過是成員從顧客身上感受到的冷淡印象。

遇到這種情況時，主管首先必須要問的是「你怎麼對客人說明？」接著陸續拋出其他問題「客人有什麼反應？」、「你是直接問客人有沒有興趣嗎？」、「要不要試著先說幾個關鍵字，看他們對哪一個有反應？」，像這樣一點一點地提出建議，就能夠釐清顧客的類型。

在與對方交流時，對他（顧客）感興趣是必要條件。明明對顧客不太感興趣，還在行銷會議上花時間分析顧客，或是提出粗糙的建議或工作方式，就會導致偏離目標。

然而，**只要我們願意主動對顧客抱持興趣，一步步了解顧客，在這個過程中**

應該就會察覺到「顧客真正的期望」。

在商業活動中，將所有的主詞都設定為「顧客」，思考「顧客最想要的是什麼」，以這樣的方式實際在現場快速發布，最後就會形成距離成功最近的捷徑。所以才會說，主管最重要的心態是對下屬感興趣。

◉正確擊破社會規則的方法

先前已經詳細介紹主管階層必須要有的思考方式和行為模式。接下來我們將試著從一般員工的角度來思考。

首先，如果你的公司裡有「徒有虛名的主管」，那就如同我之前所說的，根本原因在於結構性缺陷，例如將管理職當作榮譽職授予一般員工。

然而，如果是結構性缺陷，身為一般員工會不會因為「這是自己無法控制的問題」而放棄呢？

有些人可能不會放棄。這時請試著想一下「**有沒有自己能夠控制的部分？**」。舉例來說，在各位的公司裡，是不是有那種會讓人不禁感到疑惑的會議？像是「為什麼我要來參加這個會議？」、「在這裡的這段時間有什麼意義？」。即便覺得浪費時間，主管要求出席就必須服從。這種案例並不少。

我的話會直接拒絕出席，畢竟「不出席會議又不違法」。與其參加沒意義的會議，不如將時間花在提高工作效率並取得成果，對公司來說更有利。

在大部分的情況下，一般員工會**將公司的規定視為與法律一樣重要**，導致犧牲個人的時間。

沒有意義的會議是一種資源的浪費，照理說可以正當主張這是「損害公司利益的行為」。

「怎麼可能說得出口？」

「我對自己的工作成果沒有那麼大的自信啦！」

有這些想法的人並不少，那還有其他自己能夠控制的部分嗎？

舉例來說，如果會議中有職位比自己高的人，那就把時間都花在向他提問如何？自己可以控制的部分是，把會議資料或對報告有疑問的部分列成表單參加會議，**在浪費時間的會議中多少投入對自己來說有生產率的行為**。

不斷提出疑問，對方可能會感到厭煩，進而表示「你現在可以出去了」，如此就是皆大歡喜的結果。而且這並不是在故意刁難對方，只是提問而已，沒什麼好害怕的。

至少比起想著「這段時間就放空吧」、「就忍耐一下吧」，應該可以更有意義地運用時間。

在覺得「自己什麼都做不到」時，可以使用著名的「艾森豪矩陣」，尋找自

■從艾森豪矩陣找出自己可採取的行動

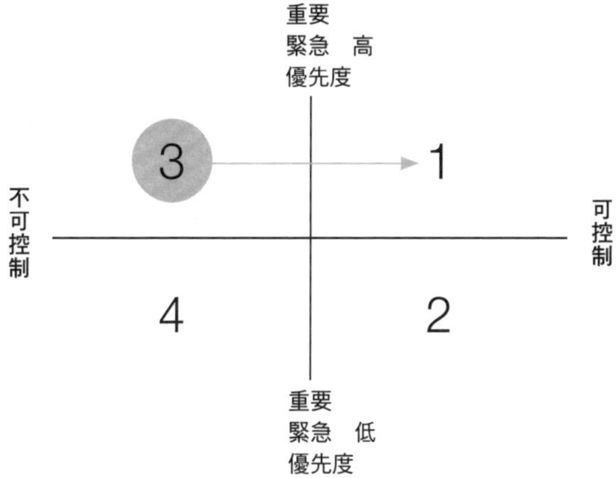

己可以採取的行動。

例如，如此頁所示，試著用「可控制／不可控制」、「重要・緊急・優先度高／重要・緊急・優先度低」來整理。

既可控制，重要度和緊急度高的事情（第一象限）必須要「立即執行」。因為自己做得到，而且還要快速完成。

接著是，可控制但重要度和優先度較低的事情（第二象限）則是放在「有空再思考」的位置。幫助他人等就屬於第二象限，但想做的時候再做即可，不是義務。

重點在於無法控制，而且重要度和優先度高的事情（第三象限）。這時要仔細觀察，**將問題細分成好幾個部分，思考「這裡面有我自己可以改變的部分嗎？」**。即便是結構性的缺陷，也不要輕言放棄，而是要提高思考的解析度，找出自己可以控制的部分。

接著是觀察第三現象，找出可以轉變成第一象限的部分。只要自己能夠掌控，接下要做的只剩下「立即行動」。

取消只為了報告的會議，可能不是僅憑自己就能夠做到的事情。但是，將會議細分成會議內容、出席人員、時間和地點等問題，或許可以提議「為了省下移動的時間，改成線上會議如何？」。當上午想要專注工作，中間卻插入一個會議時，提議將會議時間改成傍晚，也許贊成的人數會意外地多。

最後，不能控制，重要度和優先度低的事情（第四象限）可以直接放著不管。不過象限會隨著時間變化，最好時不時地確認一下。

◉只有談判過的人才會得到機會

為了不被「徒有虛名的主管」牽著鼻子走，最重要的是思考「自己能夠做的事情」，而不是抱怨「這也太荒謬」或是放棄地想著「沒辦法」。

找到可控制的部分後，下一步是找到對公司有利的行動，試著提議「這個工作可以交由我來做嗎？」。

必須注意的是，關鍵在於不要做**免費勞動**。

在執行某個點子時，**必須尋求「回報」，讓對方給予承諾**。

例如獎金考核、帶薪假等各種福利，或是與客戶吃飯可向公司報銷等，有許多協商回報的材料。除了這些直接性的報酬，要求減輕自身工作負擔也是很好的回報。

在我看來這是非常公平的談判，因為做了對公司有益的事情，不過是理所當然地索求回報而已。

有許多人會擔心，向公司提出建議「就只有自己的工作會增加」。即便察覺到公司和工作中需要改進的地方，但指出來後，卻得到一句「那你來做」，導致自己的工作量增加，到頭來只是讓自己更辛苦。所以不知道從什麼時候開始，不再有人會舉手發言，或是猶豫要不要發言。這是另一種相當常見，組織陷入膠著狀態的範本。

但我想問的是，**在面對增加的工作量時，為什麼沒有索求「回報」**。索求回報是一般員工（廣大的勞動者）的權利，沒有回報就等於是遭到剝削。

對此也有很多人會說「怎麼可能說得出口」，但**歸根究柢，不求回報是當事**

人自己的意思。

儘管如此，抱怨工作能力無法提升、薪水太低等的人，依然難以遇到機會。如果苦於「徒有虛名的主管」，還有一個方法是立即換工作。

在工作中，**機會只會眷顧那些有談判過的人**。

事實上，為了對完成的工作，做好周密的「回報」，有一種服務已經商業化。Unipos股份有限公司提供的「Peer bonus®Unipos」服務是，同事之間互相稱讚「做得好」，傳遞訊息與贈予小額獎勵。

就像是互相給小費一樣，抱持著「感謝幫助」的心情，贈予小額的金錢，例如一百日圓或五百日圓，就好比是買罐裝咖啡表示感激之意。感謝工作上的幫助，晚上請對方喝酒的文化，在現今已經逐漸消失，就如請喝飲料一樣，用一枚硬幣表達感謝。順帶一提，這是一個可以看到是誰向誰發送什麼訊息的服務，有助於將貢獻可視化，建立互相感謝、讚美貢獻者的文化。

也許會有人認為，感謝、稱讚的心情涉及金錢過於粗俗。但我覺得，個人或團隊花費寶貴的時間做了事情卻得不到獎勵才奇怪。

在建立一個能夠輕鬆給予他人獎勵的機制後，就會產生明明有給予獎勵的機制，卻不用來表達難以說出口的感謝很可惜的心態。最後便會自然而然地形成稱讚文化，組織的「心理安全感」也會大幅提高。

在這樣的組織裡，即便拜託員工作分內外的工作，他們也不會覺得「吃虧」，因此可以愉悅地互相幫忙。

隨著遠端工作的發展，員工愈來愈難看到彼此的工作，不知道誰在做什麼，公司處於什麼狀態。在這個情況下，對在公開場合稱讚良好行為的本身給予報酬，工作自然會可視化，最重要的是，會形成互相尊重的公司文化。

在第五章將會提到，這個機制也有助於改善組織人際關係。

◉使組織內的資產「創新」

在本章的最後，要介紹的案例是，組織內的理想管理方式，終於促使日本大型集團發生劇烈的變化。

我現在還有一個身分是在日立製作所擔任「Lumada：Lumada Innovation」的傳教士（Evangelist）。日立集團是一家從製造、開發到顧問都涉略的全方位企業。我演講時經常會用「從發電廠到鼻毛剪應有盡有的公司」這句話來介紹日立集團，因為我認為這句話可以傳達出日立製作所的規模，然而，像這種明顯在日本國內已經擁有壓倒性優勢的集團，還是選擇從自己開始改變。

在與日立製作所的經營層談話時，令我感到驚訝的是他們靈活的態度。他們總是說「我們必須改變」、「必須更加努力」，只要認為是好的策略就會不斷地對外宣布，不管是職務型雇用還是週休三日的政策。

一般必須先在公司經過內部協調後再公告，否則就會像在踢皮球一樣，相關部門推來推去，沒有人想承擔責任，愈是大型的公司愈是如此。然而，日立製作所並沒有先在集團內協調，而是**直接對外公布，讓人無法找藉口說做不到**。因為日立製作所的公司風氣就是鼓勵全體員工一步一步改變。

二〇一九年，已故的中西宏明名譽會長擔任日本經濟團體聯合會長時曾發表言論，大意是「終身雇用制不符合時代潮流，已經達到極限，最好是放棄維持終生僱用制的事業」，退出過去的業務活動，也就表示奪走了在那裡工作的人所擁有的立足之地。

這段發言在當時造成軒然大波，但我完全不認為這是負面言論，反而感受到了真心。經營者堅定地想要改變，這代表已經達到滲透到整個集團的階段。這些話傳達出，行動的人也為了不被時代拋棄，力求自己能有所改變。

在日立製作所，我從二〇二一年擔任傳教士的「Lumada」是指，形成成長策略核心的重要關鍵字。Illuminate（照明、照亮、發光）和Data（數據）結合的複合詞，意思是透過DX（數位化轉型）與不同業務領域的客戶和合作夥伴攜手進行社會創新。在此基礎上，以去碳化、循環型的「綠能」世界為目標，面對從未經歷過的變化，為實現永續社會做出貢獻。

換句話說，Lumada是一種為社會創造出新價值的概念。既沒有產品以此命名，也沒有以Lumada為手段的服務。Lumada事業展現了日立集團整體的潛力，以該事業為中心，發展綠化、數位、創新等各種相關事業，是集結集團力量的標誌。

Lumada事業之所以會誕生，如前文所述，日立集團在多個領域累積了無數經驗和事業基礎設施，這些都可以視為資產。日立既有冰箱、洗衣機等大家電，還有B to B（企業對企業）的商業活動，以及石油品牌和發電廠。從設計、開發到製造、販售，甚至連售後服務都一手包辦。由於所有的一切都有參與，日立手握難以計數的第一手資訊。

然而，規模大到聚集了許多類型的獨立事業，反過來也可以說，這些事業的系統很有可能各自為政（縱向分割）。確實很難想像大家電的員工詳細掌握石油品牌事業的訊息。

因此，在Lumada事業的旗幟下，我們嘗試跨越部門的界線，集結整個集團的人力、物力、知識的資本來進行創新。

創新的意思是「新的組合」，也就是面對集團內的各種數據時，將目光放在以往沒有注意到的部分，重新連接、結合原本獨立存在的人力、物力和智慧。

換言之，Lumada既是一個概念，同時也是擁有三十七萬名員工的日立集團成長策略的核心，也是為顧客和社會創造價值的強烈「想法」。我在公司內外宣揚Lumada時，都會說「Lumada是日立的精神」。

◉理想的管理法使人發光發熱

剛才提過，如果像日立集團一樣規模大到聚集了許多類型的獨立事業，這些事業的系統很有可能各自為政（縱向分割）。不過組織縱向分割這件事本身並沒有問題，所以問題到底出在哪裡呢？

問題在於**縱向分割後，組織內部相互鬥爭，視彼此為敵人**。

舉例來說，微軟前CEO時期的某個幹部，建立完全追求利潤的經營體制，導致各部門展開了業績競爭。他公布了一項政策，三年連續未達到目標的人就會被解僱。這個政策乍看下合理，但有些技術需要三年的時間才能開發出來，即便技術再優秀，最後也會落入其他人手中。而且還有一個難題是，之後要由誰來為這個技術負責。

一開始由於競爭，銷售額雖暫時增長，但不久後，業務和部門之間的摩擦和衝突激烈化，不再出現任何的創新。導致大量流失優秀人才，公司股價下跌。由此可知，從中長期來看，部門間的對立並不會提高企業價值。

然而自從現在的CEO薩蒂亞・納德拉接手管理後，公司的業績順利往上提升，這是因為他在就任之初的願景聲明中就宣布「要讓地球上的所有個人和組織取得更大的成就」。而他口中所說的「所有個人和組織」，不僅包含顧客，也包括員工。

他還表示「我們的產業尊重創新而非傳統」，就像是在宣告大家一起實現更多目標的漂亮話。這是相當大膽的發言，畢竟公司本就是追求利潤的組織。

但**在徹底實行這個漂亮話後，達到史上最高的銷售額，股價也比前CEO時期的最低值上漲了約五倍**。

關鍵終究在於**經營者所說的願景與一般員工的創新**。數位化是人類的基礎建設，面對VUCA時代「沒有正確答案的問題」，必須結合現實與虛擬的視角。因此，在事業部和一般員工即將產生創新的種子時，藉由整頓經營層容易貼上標籤的體制，促進創新的發展。

日立集團在二〇二〇年花重金，以七千四百億的鉅額收購了重電大企業ABB集團的配電事業，與ABB的負責人談話時，他表示「因為日立有Lumada，我們才會選擇加入」。因為有Lumada這一理念，ABB的各種解決方案才能夠與日立的人力資本、物力資本和知識資本結合，實現創新。

現今的日本企業就如同日立集團正不斷地變化。在這樣的時代，每個商務人士都會因其專長（專門知識和技術）受到重視，為了配合這點，轉變成職務型雇用將會成為必然的趨勢。

從個人角度來看，若是能夠在工作時發揮所長，工作本身也會更加有趣。畢竟現在已經是**以「有不有趣」來選擇工作的時代**。

平時因為工作的關係，我經常接觸商務人士，感覺其中明明有許多人具備獨特的技術或是有趣的創意，但不知道為什麼，他們卻侷限了自己的可能性。真的有許多人商務人士會謙虛地表示「這沒什麼大不了」、「不不不，像我這種人……」，不願肯定自己的專長，或者選擇不公開自己的長處。

然而，與此同時，**那些意識到只有發揮自己的專長，才能令自己、周圍的人以及顧客感到快樂的人，在各地開始掀起各種運動。**

在這十幾年來，日本企業對這樣的言行一直都是抱持著負面的想法，但我覺得只要日本企業認真去做，或是提供能夠發揮個人真本事的環境，無論什麼事都能夠做到。

創造出這樣的環境，規劃道路的方向，正是管理階層所負責的工作。

第 5 章

開闊視野的人際關係術

◉察覺負面評價的影響力

在第五章中將要介紹如何從許多人的煩惱根源——人際關係的束縛中走向「外面」的方法。在談論職場的人際關係前，首先要思考的是，與身邊「親近之人」的人際關係。

回顧孩子的成長過程，一開始是父母，接著是與老師和同學的人際關係。在這些早期的人際關係中，以我為例，父母對我的評價是「話說個不停，總是很吵的孩子」。我是三兄弟中的老么，但與哥哥們的年齡相差甚遠，所以經常只和母親說話。

我還記得因為話說得太多，常常說到一半，就會被母親打斷「好了我知道了，不要再說了」。畢竟有段時期父親獨自到遠方工作不在家，母親一個人應該也很辛苦。

所以我從小就覺得「自己很吵」。而且從母親焦躁的樣子來看，我覺得這並不是件好事，因此當時我是個自我評價很低的孩子。

但是我現在竟然是靠著「說話的能力」在工作。換句話說，**事物的好壞取決於解釋和評價**。假設我的自我評價一直都很低，說話能力可能就無法開花結果。

換言之，**他人的負面評價會縮小一個人的可能性，或是阻止一個人的成長。**尤其是童年時期從親近的人得到的負面反應和評價，也許會對這個人以後的人生產生很大的影響。

就我的情況來說，隨著一九九五年網路的普及，時代發生天翻地覆的變化，幸運的是，我得以創造出一個能夠發揮自身「說話」這一能力的工作。我原本是文科出身，作為廢物工程師吃盡苦頭，但隨著環境劇烈的變化，我獲得一個工作是「用簡單易懂的方式，教導初學者了解網路和科技」。

我想告訴各位的是，世界上有些事無法靠自己的力量改變，例如家庭環境和時代潮流等，但我們**可以改變自己的位置或對待自己的態度**。

與其說我在面對環境劇烈變化時做了特別的努力，不如說，我是憑直覺做出反應並付諸行動。具體來說，**在預感「未來將是以網際網路為中心的世界」時，我立即採取行動，買了一臺電腦**。

相對於現在是電腦普及的時代，當時幾乎沒有人擁有電腦。那時電腦的功能還很有限，通常是用在處理公司的工作。大部分的人對我這一行為的評價是「回家還碰電腦，你可真閒」。

如果我就這樣接受來自身邊的負面評價，就會失去信心，自問「我真的錯了嗎？」。然而，事物的好壞取決於解釋和接受的方式，再加上多虧了主管，我逐漸克服了童年的負面評價，於是我遵從直覺繼續使用電腦。

那時候說是在家裡用電腦，其實只是上網、玩遊戲而已。但這是自己決定開始的事情，所以我樂在其中。而且在使用電腦的過程中，我切身感受到「知道這個會有很大的差別」。

要說我當時是否深信將來全世界的人都會使用電腦，我覺得有點難說。但確實慢慢地有愈來愈多人來找我討論「網路怎麼用？」、「我該買電腦嗎？」等。

於是我突然發現，自己作為一個工程師並不厲害，但在外行人眼中卻是「很了解科技的人」。**我自己本身並沒有改變，但隨著時代的變遷，我所處的位置發生了變化**。

如果我詳細研究科技，要跟沒碰過電腦的人說明反而會很困難。但就是那一點不專業發揮出效果，來找我討論的人都很滿意，而且也陸陸續續聽到其他人在說這件事。所以我開始思考「之後應該會有愈來愈多人使用電腦」。

我遵從直覺購買電腦的行動，結果讓我與他人產生很大的差異，進而完全擺脫了童年的負面想法。

◉在多個社群來回走動

我過去會接觸電腦純粹是因為樂趣。不過現在想起來，當公司「外面」的朋友也開始有愈來愈多人會玩電腦，得知「外界的標準」這件事，也許與網際網路時代到來這一「後設思考」也有關係。

可以說，**擁有多個社群切入點，與各種人來往非常重要**。

獨立思考固然重要，但以此為前提，與各種不同的人交談，**掌握「自己能做／做不到的事情」「擅長／不擅長的事情」「喜歡／不喜歡的事情」**。確保擁有如此寬廣的視野後，對自己進行「後設思考」也就更加容易。

若是不了解自己，只是因為「不知道」就盲目地找他人討論，這個行動的本身可能會讓自己陷入險境。

例如，我事先在每個領域都決定好自己能夠信賴的商量對象。因為想專注於「自己做得到的事情」和「自己想要做的事」，除此之外的事情，我會做好準備，拜託平時值得信賴的人幫忙。

財務的相關事務全都交給稅務會計師，法務的相關事務也有隨時可以商量的律師朋友。而且因我不擅長管理行程，所以一切的行程我都交給「CASTER BIZ」的線上祕書。

除此之外還有很多領域的諮詢對象，我之所以做得到這點，是因為能夠定義「我做得到的事情」、「我不擅長的事情」、「我想做的事情」。

簡單來說，**如果知道自己無法判斷，或是知道哪些種類的問題需要花時間判斷，就可以清楚知道要找誰商量。**

反過來說，找不是該領域的專家商量，就會提高陷入麻煩的可能性。無論是關係多密切、多麼信賴的人，也有很高的機率會得到沒有意義的回饋。

如果對方給予負面的評價，自己很有可能會被這個評價或判斷牽著鼻子走。

正因為如此，重要的是要連同自己，了解到世界上有各種不同的觀點，跳脫平時的人際關係，多多與他人交流。

我以前是個完美主義者，凡事都想要親力親為，但從某個時期開始，我開始意識到「不能只站在自己的視角」。正因為我做到對這樣的自己進行後設思考，才有辦法如此積極地請教各個專家。

總之，**要往返於多個社群，同時建立新的人際關係，拓寬自己的視野，並提高後設思考能力**。

◉互相幫助、互相補足更順利

如果擁有平時所屬社群以外的「外界標準」，就有機會被指摘或教導從未想過的事情。從開放的人際關係中獲得的訊息和意識，是各位未來發展不可或缺的資源。

這與前一章的管理也有關，道理和指導或指摘他人一樣。積極「GIVE」自己擁有的訊息和知識等，對方能夠成更好地成長。同時也會增加對方給予回饋（GIVE）的機率，使自己一起成長。

順帶一提，這是組織心理學者亞當・格蘭特（Adam M.Grant）在《GIVE&TAKE「給予的人」才是成功的時代（GIVE&TAKE「与える人」こそ成功する時代，暫譯）》（三笠書房）一書中提倡的想法。

他認為組織中大略可分成三種人，分別是「Giver（慷慨付出的人）」、「Taker（優先考慮自身利益的人）」、「Matcher（權衡利弊的人）」，並主張最成功的是「Giver」。

我在序章中曾表示，今後來臨的Web3.0時代，隨著區域鏈技術的發展，所有一切都會從中央集權型轉變為社群型。其中最大的特徵是，可以活用自己的特質和技術自由活動。

如果要用一句話形容Web3.0時代，那就是「個人時代」的到來。在社群型中，不再是有人像是專制的君主一樣發號施令，而是每個人都能及時判斷自己做得到的事情，主動採取行動，讓社群順利運轉。

社群化代表的是，自己思考、自己行動。

不過，每個人擅長的事情都不一樣，達成度也不同。如果所有人都隨心所欲地行動，社群就無法正常運轉。

這也符合管理顧問艾利・高德拉特在《目標企業的終極目的究竟是什麼？（ザ・ゴールー企業の究極の目的とは何か，暫譯）》（Diamond社）指出的「全體最佳化理論」。在將整體事物（工廠的生產工程等）最佳化時，**從中找到造成瓶頸的部分，根據需求進行最佳化，就能實現整體最佳化**。

將此思考方式套用在社群時，事物就會陷入瓶頸，因此，若是與那些成為瓶頸的人沒有共鳴，這個社群的人際關係就會變得非常緊張。

用畢業旅行來當中央集權型的例子。旅行會按照學校規定的行程進行，如果不聽從帶隊老師的指示會遭到訓斥，甚至可能會中斷旅行，但如果聽從指示，就會是個如預期般的旅行。

相對的，社群型是指朋友間的露營或烤肉。其中沒有人特別了不起，所有人站在平等的立場聚集在一起，分擔自己能做的事情，由懂得生火的人負責生火、提得了重物的人搬行李……那既是露營初學者又不擅長料理的人該怎麼辦才好

■依朗多爾氏環

呢？處於瓶頸位置的本人應該也很辛苦吧？在這種情況下，如果是各位的話，一定會喊一聲「來幫我！」，讓那個人一起加入準備工作。

像這樣**在一個社群裡，每個人都必須發揮出「Giver」的精神**。

相互幫助、彌補對方的不足時，自然而然地確定每個人負責的角色，社群就會發展順利。當初處於瓶頸位置的人一定會感謝給予他們角色的人，努力用別的方式來為社群做出貢獻。

也就是說，**找到他人做不到，覺得苦惱的事情，給予（GIVE）自己能夠做得到的事情，為他人做出的貢獻，人際關係才能順利發展**。

◉僅指出他人的不足部分就只是個笨蛋

各位知道什麼是「依朗多爾氏環（Landolt's ring）」嗎？就是檢查視力時使用的C字環。

只看右圖，當然馬上就能看出缺口在哪邊，還能簡單說明缺口在哪一邊。但假設有人要求「請說明環的部分」，各位會怎麼說明呢？要先了解各個部分，例如線條的粗細、直徑、黑色色調等，才能夠進行說明。

大家應該很疑惑我到底要說什麼吧？其實我只是想表達「**連笨蛋也知道人的缺點**」。

基本上無論是誰都能指出他人的缺點。換句話說，那些僅僅指出他人的缺點，還一臉自以為是的人，單純是把一看就懂的事情大聲講出來罷了。不過，也只有這種人會露出洋洋得意的表情。我很不擅長應對這種人，希望總有一天他們能夠意識到「眼睛很好」並不代表聰明。

假設團隊成員中有人犯了一個意外的錯誤，並且有一位主管指出了這個錯誤。但是，如何處理成員犯了意想不到的錯誤這種意外事件，才是展現主管能力的地方。更確切地說，我認為**真正的專業是把發生意想不到的事情納入預期內**。

因此，必須要對他人的錯誤和困難產生共鳴，但在指出錯誤時需要注意的是，不可以一開始就從缺點切入，例如「那樣不行，你改一下」。**因為一開口就是否定的言論，也只會讓對方難以接受**。

應該要像「對，但是……（Yes, but……）」的說話方法一樣，**首先是肯定對方的意見（GIVE）**，例如「那個方法很好，但我覺得這個方法應該會更好」、「這個部分這麼做的話會更好喔！」。單純只是改變說話的方式，對方接受指責的意願就會更高。

無論如何，只是指出他人的缺點，連笨蛋都做得到。未來的商務人士將透過更進一步的溝通方式來建立人際關係，從中讓自己和對方一起進步。

◉名為「稱讚他人」的生存策略

各位要在職場和社群建立豐富的人際關係，有一件實際上做得到又簡單的事情可以做，那就是——「**稱讚他人**」。

以下介紹一下我以前做過的一件事。

與日本武藏野大學創業精神學院院長伊藤羊一的著作《1分鐘說話 世界頂尖人士讚譽之簡單傳達要點的技術（1分で話せ世界のトップが絶賛した 大事なことだけシンプルに伝える技術，暫譯）》（SB創意）串聯，在全國各地舉行

名為「一分鐘提案！Talk Your Will」的活動。這個活動的內容是，來自不同背景的參加者，在一分鐘內表達自己「無法退讓的想法」，並且評論員要在一分鐘內立即給予評論。

我以朋友的身分，與森本千賀子小姐（morich有限股份公司代表理事）、至水靜香小姐（Funleash有限股份公司CEO）擔任了約十個地區的評論員。

當時的規則是「一律稱讚」。由於不是評審，參加者在一分鐘內發言完後評論員就會立即被點名，必須在一分鐘內稱讚對方。

當然，有些人說的內容讓評論員可以毫不猶豫地稱讚「很好」，但有許多參加者都是第一次發表，大部分的人都無法在一分鐘內順利把話講完。儘管他們有傳達出自己的想法，不過以短講來說，有不少需要指正的地方。

然而，評論員又不能指出缺點，所以有些人就得像是在沙地裡找一根針一樣尋找可以稱讚的部分。藉此機會我再次意識到，要立即稱讚他人是一件非常困難的事情，必須多加練習。

關於稱讚他人，這裡我要介紹幾個能夠立即實行的順練。

第一個是**回答「真不錯！」**。

不管對方說什麼，第一件事就是馬上給予肯定，例如「那很不錯耶！」、「那很棒耶！」。神奇的是，之後大腦就會高速運轉，尋找「可以稱讚的地方」。因為一般來說不可能用第二句話來否定剛剛給予肯定的第一句話，因此，會立即開始尋找對方的優點。

如果從對方說的內容中找不到優點，就會用盡一切手段找出「可以稱讚的地方」，例如「聲音真好聽」、「笑容很燦爛」、「衣服很好看」等。所以這是一個非常好的訓練。

當學會自然地「稱讚他人」時，你會發現聚集在自己身邊的人愈來愈多。**因為對大家來說，你是一個「願意立刻誇獎自己優點的人」。只要是人，都希望和**

積極正向的人建立良好的人際關係。

這裡再強調一次，連笨蛋都可以指出別人的缺點，所以人們不會聚集到那種人身邊，或是只會聚集同樣負面的人。

但是能夠稱讚他人、待他人親切、與他人產生共鳴不是件容易的事，所以這種人會與其他人產生很大的差異，進而建立豐富的人際關係。

稱讚他人這件事難度其實非常高，因此可以當作是一種強大生存策略。

◉憤怒管理是指「容易生氣」

到這裡為止已經告訴各位，不應該指出他人的缺點，應該要稱讚他人，如此才能豐富人際關係，同時也能夠把稱讚他人當作強大的生存策略。

然而，世界上難免會有一些與自己價值觀不合，或是總覺得喜歡不來的人。其中還有人可能每天上班都必須見到這些人，身處於一個艱難的環境。

在這種情況下，如果讓對他人的「憤怒」占據上風，就會無法控制情緒，從旁觀者的角度來看，反而會覺得有問題的人是你。

但要是具備對自己進行「後設思考」的能力，就能更輕易控制情緒。

「我現在在別人眼中是什麼樣子？」

「如果有另一個我，我會為現在的自己感到驕傲嗎？」

在快要被強烈的情緒淹沒時，思考這些問題非常重要。

這一過程系統化為一種名為「憤怒管理」的方法。應該有很多人都聽過這種方法，然而，憤怒管理其實並不是一種「避免憤怒的技巧」。

憤怒管理是為了避免因憤怒而後悔的的心理訓練。

換句話說，在憤怒管理中重點除了「避免情緒化導致後悔的技術」，還有**不**

讓自己後悔地覺得「當時就該生氣！」。

憤怒管理顧名思義是管理憤怒，不是消除而是一個**「適當發脾氣」的技巧**。

現在問題來了，該如何對他人「適當發脾氣」呢？

這同樣也適用於第四章的「主管的工作是和成員對話」。**要「適當發脾氣」，第一個重點是「事實」**。因為如果雙方不能就事實達成共識，就沒有理由發脾氣。會在對方一句「那只是你的看法吧？」就結束了。

如果不先告訴對方為什麼生氣的事實，對方就不會理解你的感受。簡單易懂地分享事實的說明技術，其實與重要的憤怒管理有關。

因為受到指責等感到生氣，心情動搖時，可能很難正確判斷是要在當下表現出憤怒比較好，還是其實是自己太任性。

在這種情況下，最起碼要表達出「自己的感受」。

「**我很訝異您似乎誤解我了。**」、「**您的指責讓我有點不太舒服。**」

先告訴對方這句話是一種技巧。這時如果繼續宣洩自己的想法和不舒服的感覺，可能會感情用事，所以先共享事實和「感覺」，以確保自己冷靜思考的時間。無論是想明天還是更久以後再處理，建議先向對方告知「我現在心情不太穩定，請允許我日後再說明」並離開現場。如果想給對方留下更深刻的印象，可以表示**「不好意思，我個人對這件事不太能釋懷」**。

利用這樣的說話方式，就能避免直接將自己的情緒原封不動發洩出來。

若是強迫自己忍耐，什麼話都不說直接離開，心情會因為憤怒而混亂，而且以後很難再找到提起這個話題的機會。對方只會覺得自己做出正確的指責，轉頭就忘記的機率非常高。不過，若是當場先用一句話表達自己的不適感，會為對方留下一個思考「我說得太過分了嗎？」的契機。

如果想了一天，覺得自己的確有錯，只要向對方道歉即可，例如「昨天雖然有點不愉快，但我現在知道自己錯在哪裡，非常抱歉」。

「適當發脾氣」就像這樣，是指「**客觀地認清自己現在是否足夠從容**」。

我有一位朋友名叫戶田久實，她是一般社團法人日本憤怒管理協會的理事。我和她交談時，她曾說了一段話，大意是「**憤怒管理是要妥善地處理自然產生的憤怒情緒**」。

另外，該協會的代表理事安藤俊介在其著作《開始進行情緒管理（アンガーマネジメントを始めよう，暫譯）》（大和書房）一書中寫道「**在面對需要生氣的事情時盡情燃燒，對不必生氣的事情則在不發脾氣的情況下解決**」。

◉人際關係異常的原因

在憤怒管理中還有一點很重要，就是理解「自己和他人不同」。

在這裡我們一起來思考一件事，這是改編自之前介紹過的小柳津篤先生給我的作業。

穆罕默德到日本旅行，在拉麵店用餐準備結帳時發現忘記帶錢包。不會說日語的穆罕默德，試圖解釋「我等一下再來付錢」，但拉麵店的老闆卻直接報警。

趕到現場的警察帶走穆罕默德，隔壁的客人用手機拍下這一情況後發布到社群網站上，結果因為該影片穆罕默德被驅逐出境。

Q. 請依照「可惡程度」排列這四個人。

1　穆罕默德

2　拉麵店老闆

3　警察

4　隔壁的客人

我想每個人的排序應該都不一樣。

有些人會說是忘記帶錢包的穆罕默德不好；有些人會認為錯的是不顧情況就報警的老闆；雖然警察是在執行自己的職責，但有些人會覺得馬上把人帶走的警察做得並不正確；有些人則是認為試圖透過在社群網站上散布眼前發生的糾紛，以滿足自己認同需求的人很壞心。

閱讀相同的文章，意見卻分歧的原因在於彼此的「應該」不同。

理所當然地認為「應該這樣／不應該這樣」中所謂的「應該」都是個人想法，因此每個人所想的「應該」都不一樣。

若是沒有這個認知，就會認為每個人的「應該」都一樣，如此就會陷入正義對上正義的戰爭。當「應該」出現偏差時，「我和你不同」這一顯而易見的事實，很容易就會被取代成誰對誰錯的問題。

以致於互相指責對方「你很奇怪」、「你才是錯的」。

眾所周知，這種衝突不僅會發生在商業活動和日常生活中，國際社會也無法倖免，而且還會對當今世界產生深遠的影響。

再強調一次，**在憤怒管理中，理解「我和你不同」、「自己和他人不同」是必要的重點**。

我們人類都具有「**認知偏誤**」，往往會有一些自認為的想法，例如「這種程度男生應該沒問題吧！」、「這點程度我的孩子當然做得到」。

除此之外，身邊還有許多他人強加的評價和標準，例如「因為你是女生」、「因為你已經出社會」、「因為你是長男」、「因為你是主管」。

而且這些人在知道對方無法滿足這些期待時，就有可能會產生憤怒的情緒，或是試圖強行控制對方的行動。

◉創造公平工作的文化

接下來，回到先前的作業，在那種情況下，究竟要怎麼思考才好呢？

為了避免造成問題，首先要做的是分享自己的標準和價值觀。

對方認為誰對誰錯，是根據他們的標準和偏好，我們無法控制。不過，如果現在是在商業場合，可以事先解釋自己的想法、意圖等，避免不必要的誤會。

換言之，**將互相達成共識的規則放在檯面上，將之視為原則**。

我認為**職場上沒有明文的規定並不健康**。

至少關於工作方面，先決條件就是對於「達到什麼標準視為完成工作」有明文的規定並取得共識。

舉例來說，在職場上經常會出現的情況是，工作提早完成的人，總是因為現在有空，理所當然地接收整個部門的工作，或是被指派去幫助其他人，導致無法早早就下班回家（而且這種公司通常都不會付加班費……）。

當然可以直接拒絕多出來的工作，但是因為沒有明文的規定，讓人有種難以拒絕的感覺。因此，才會讓人害怕看懂周遭氣氛，害怕拒絕會影響自己的評價。

在接受沒有明文規定的工作時，當然會想要抱怨。這種話聽起來可能會很刺耳，但我還是想說，**若是心中有抱怨，一開始就不該接受這份工作**。

在接下這個工作後，就等於是在縱容「徒有虛名的主管」，導致無法矯正不公平的制度，所以請務必要說「不」。假設難以拒絕這個工作，就要如同我在第四章所說的，必須要尋求「回報」。

這就是原本公平工作的狀態。

如果待的是一家「不管怎麼想都無法做到反抗」的公司，那你的寶貴人生可能會繼續遭到壓榨，建議這時候應該要考慮換工作。

◉專注於自己做得到的事情

本章介紹了人際關係出現問題時的根本原因和解決方法。正如我先前所說，在理解「我和你不一樣」時，人際關係的問題就會迎刃而解。

「我和你不一樣」也與「**對方沒有按照自己的想法行動**」有關。以這個認知為前提，**就不會對他人有過高的期待**。

因為對他人有過高的期待，在覺得對方辜負自己的期待時，會感到失望並陷入難以形容的憤怒中。然而，對自己無法控制的事物抱有期待，就好比是買樂透一樣，能夠如願以償的情況相當少見。不要因為沒中獎感到無比憤怒或失望。

在人際關係出現問題時，我認為應該**尋找自己能夠控制的部分，將注意力放在採取的行動上**，才是良好的應對方法。可以利用第四章介紹的「艾森豪矩陣」

來整理人際關係的問題。

將問題分為「可控制／不可控制」、「重要・緊急・優先度高／重要・緊急・優先度低」四個象限，試著找出自己能夠做到的事情。

還有一個重點是，當一個人發言時，不要只聽他說了什麼話，而是要觀察那個人的整體情況，例如生活方式、行為舉止、個性、與自己的是否合得來，以及那句話是在什麼樣的場合中說的？先考慮對方整體的情況後，再理解對方話中的真正含意。

以前曾發生過一件事，有個人的工作剛好是我熟悉的領域，所以道別的時候我跟他說「如果有什麼事需要討論的話，可以來找我」。然而，事後他來找我說「有想要討論的事情」，但碰巧遇到我行程滿檔的時期。來回約了好幾次，一直沒有適合的時間，在我跟他說「因為最近時間都排滿了，可能要稍微等一段時間」時，那個人突然發脾氣地表示「你說過會跟我討論的！」。

那個人反應讓我相當訝異，因為我並沒有說不願意和他討論，只是沒有雙方都有空的時間。那個人生氣的原因是「我沒有試圖配合他的時間」，他沒有理解我和他是不同的人，所以在他眼裡，就好像是我在躲著他一樣。

僅僅因為對方不配合自己提出的時間就生氣，有點莫名其妙。對方行程排滿的狀態是「自己無法控制的事情」，在這個情況下，可以選擇放棄或是改時間，訊問對方「有沒有辦法抽一點時間給我呢？」，也許對方提出其他建議也說不定。

重點在於**要與對方好好溝通**。如此就會冷靜下來，知道問題在於時間的分配和規劃，而不是人際關係。

也許大家在工作中也有類似的經驗。主管明明就說「隨時都可以來找我商量」，但是在打算找主管商量時，他卻忙到腳不沾地，進而產生出「他是不是不願意跟我商量」的想法。可能會覺得困惑，主管都已經說「隨時」，卻完全無法撥出一點時間給自己。

然而，「對方並不會按照自己的想法行動」。

這時即使不與對方溝通或提出建議，認為「他不願意和我商量」，也只會感到煩躁，根本無法解決雙方時間無法配合的狀況。

有時可能會懷疑對方是不是不想和自己商量，才會那麼忙？但這兩件事其實毫無關係。把它想成對方並不是在躲著你，**只是沒有把這件事規劃進行程而已**，心情應該會輕鬆一點。

即便有證據證明對方是在迴避或是不喜歡自己，「對方依然不會按照自己的想法行動」。假設如此，那應該要理解「隨時都可以來找我商量」這句話單純是他個人的問候語，沒有任何意義。畢竟打招呼不一定都是用「你好」這個詞，對那個人來說，當「隨時都可以來找我商量」這句話說出口的瞬間，就失去了字面上的意思。

主管應該要隨時傾聽成員的煩惱，主管在安排日程時應該要優先考慮成員的行程，這些自以為是的想法，一定會成為憤怒情緒的來源。

但如果以「我和你不一樣」這個認知為前提，就算是麻煩的人際關係，也能夠專注於「自己能夠控制的事情」。**放棄對方或是對這個人不要抱有太大的期待，都是「自己能夠控制的事情」**。

除此之外，我認為平時最好還是要具備「盡可能建立良好的人際關係」這一心態。

我以前在微軟工作的時候經歷過很多次，國外的主管來找我的時候，他們幾乎不談工作。那要做什麼呢？總之要以開放的態度親近對方。

因為如果能夠建立良好的人際關係，之後遇到問題或難以啟齒的事情時，溝通上會更加容易。

為了與他人建立良好的關係，平時要多加留意，認清「自己與他人不同」。透過不斷累積踏實的溝通，複雜的人際關係也可以轉變成提供豐富的價值觀。

第6章

消除壓力的分享能力

◉判斷「是否有趣」

最後一章要探討的是，在面對會對工作和人際關係造成劇烈影響的「壓力」時，要如何妥善地處理。

我平時都會注意**用「是否有趣」的標準看待這個世界**。而且會盡量憑著自己的意志選擇覺得有趣的選項。即便是難以做到的時候，我也會想盡辦法避開無趣的事物。

判斷「是否有趣」是根據自己的感覺來決定，所以「答案」勢必就在自己的心中。

也就是說，**可以自己選擇「是否有趣」。此外，如果平時就讓自己判斷和選擇，「自我肯定感」也會隨之提高。**

另一方面，**如果是以「是否正確」、「是否優秀」的標準來生活，人很容易會變得不幸**。因為將「是否正確」、「是否優秀」作為標準，便無法輕易做出選擇。更何況即便是從整個社會來看，這兩者的判斷基準也經常在改變。

我在能夠用「是否有趣」作為標準來判斷後，生活頓時輕鬆許多。

老實說，回顧我到三十歲前半的人生，我總是用「是否正確」、「是否優秀」作為標準來判斷事物，尤其是工作方面。那時候我覺得人生很痛苦。

思考「什麼才是正確的行動」、「什麼才是優秀的樣子」，總歸來說就是必須一直在意他人的視線和對自己的看法。

不過，我從三十歲後半開始，我的工作愈來愈順利，除了知識和經驗外，也有愈來愈多顧客接受我這種以「是否有趣」為標準，提案時詢問「您不覺得這個方案更有趣嗎？」的風格。

現在回想起來，我覺得自己很幸運。當時我的身邊有許多「沒有前例的工作」，沒有前例代表沒有成功的祕訣，有時也會覺得有點可怕。不過，因為工作就擺在眼前，不得不做，因此我下定決心，一邊找出自己的方法一邊完成工作。

多虧如此，我才得以擁有與顧客同心協力，在案件進行的過程互相追求「有趣程度」，並在最終得到滿意結果的體驗。在累積這些成功體驗時，我逐漸了解，**工作不是按照他人的吩咐去做，而是與顧客成為夥伴，一起思考、決定**。

透過這些工作，我愈來愈相信自己對「是否有趣」的感覺。

其實我在很多地方都提過這個經歷，但每當我說完，一定會有人出面指責我，他們的反應是「又不是所有工作都是那樣」、「在組織裡面能夠自己決定的事情不多」。

當然，每個人所處的職場環境都不同，我並沒有通用的答案。

不過有一點我可以確定的是，**不自己決定也是個人的選擇**。

如果必須忍耐，那接受必須忍耐的壓力狀態仍是個人的選擇。

這個說法也許有點苛刻。

但就如同我先前所說的，我認為在社會中必須遵守的底線是法律。只要確實遵守法律，無論是站在什麼立場的人，都不能對個人的選擇說三道四。

◉自己決定自己的優點

要從「是否有趣」的標準來看待世界並生活，實際上應該怎麼做呢？

我的想法是「**只做自己做得到的事情**」。

先專注於自己能做的事，不看除此之外的事情。

反過來說就是「**徹底避開自己討厭的事情**」，畢竟討厭的事情，怎麼樣都不會喜歡。也有人認為只有忍耐自己不喜歡的事情才是成年人，當然他們有這麼想的自由，但我盡量不和這樣的人來往。

「自己能夠做到的事」也可以說是自己擅長的事或是優點。

不過，我覺得在至今接受的日本刻板教育中，要找到自己的優點並非一件簡單的事。

舉例來說，我出社會後開始學習滑雪和空手道，最後空手道達到三段，滑雪也拿到正式指導員的資格。但是過去我在學校的體育成績並不好，成績分成5個階段，我每次不是2就是3。所以我不知道自己究竟是不是體育白痴。

簡單來說，都是優點沒錯，但世界上有各種不同的「標準」。一般來說，學校的體育成績優秀，別人就會覺得你擅長運動，不過，**如果有其他「標準」，就可以隨意創造擅長的事情**。

若是執著於一個「標準」，就會只根據這個「標準」來定義優缺點，然而，人類並沒有那麼單純。在不同的地點和時間，優點可能會轉變成缺點。而且世界上本來就有許多不同種類的「標準」。

也就是說，**可以隨心所欲地決定自己的優點**。

也不需要「比誰還要擅長」、「比誰還要優秀」。

當然，在運動賽事等以共同規則為基礎的競賽中，為了比出先後順序，就需要同一個標準。但是，當有人說「我的優點是跑很快」時反問對方「那你跑得比尤塞恩・博爾特還快嗎？」不是很奇怪嗎？

沒有必要拿自己與他人比較，只要用自己決定的「標準」，專注於自己能夠做到的事情即可。

缺點也是一樣的道理。一般來說，將缺點視為「比他人差勁的事情」也許會更簡單易懂。但假設有人說「你的缺點是急躁」，從某個角度來看，也可以看成是「判斷時間短」。可能反而是因為判斷的速度很快，所以在無法立即得出結果時會感到生氣。

總之，急躁並不是缺點，只是沒有做好憤怒管理是一個「問題」。

在與周圍的人溝通時沒有得到他人贊同的行為，會被視為是缺點。說話方式具有攻擊性，或是對他人缺乏同理心，即便行為上沒有犯法，也會在傷害對方的情況下被當作缺點。

因此，遭他人指出缺點時，建議先對自己進行後設思考，想想看為什麼會被認為是缺點。**在大部分的情況下，只要改變「標準」，就會發現那些他人口中的缺點根本不是缺點。**

◉ 精神脆弱的日子要善待自己

盡量只做自己能夠做的事情，不要做不想做或是無法讓人感到正向情緒的事情。像這樣不再忍耐，有意避開討厭的事情，就能夠從壓力中解脫，精神狀態也會逐漸穩定。

即便精神狀態穩定到一定程度，還是會有身體疲憊、周遭環境不好的時候。也會有莫名煩躁、必須在憂慮中工作，只能勉強自己的狀況。

整頓環境固然重要，但如果打從一開始心理狀態就不穩定，就無法發揮出原本的能力。可以說，精神狀態穩定是達到自身最佳成果的先決條件。

因此，這種時候應該要注意「**善待自己**」。因為心緒不寧，無法發揮出原本的能力而感到自責，其實沒有什麼太大的意義。

說到告誡自己，我以前對自己十分嚴苛。然而，對自己過於苛刻，並不會感到快樂。因為會**把自己逼到走投無路，愈來愈沒辦法保持從容鎮定**。結果導致選項減少，也就難以採取使精神狀態穩定的行動。

因此，每當事情失敗或是不順利時，**善待自己，承認自己就是「有很多擔心**

的事情」會比較好。先專心減少擔心的事情和心理負擔才是明智之舉。

即便是與商業活動相關的事情，同樣也是先做能夠做到的事情，之後**坦然地承認做不到的話也沒關係**。可能會遇到銷售額未達標，產品開發來不及的情況，但是生活並不會因此而崩壞，也不會突然失去工作。正因為如此，從某個意義來說，「不管發生什麼事情都無所謂」，最重要的是自己要抱持著讓精神狀態保持輕鬆的心態。

當然，太過於放鬆會覺得一切「怎麼樣都無所謂」，反而無法面對工作，所以必須要抓到平衡。不過，如果帶著不愉快的心情去做，事情就不會順利。

在心理狀態稍微不穩定時，有意地將工作當作「遊戲」來處理，也許是個不錯的方法。將遊戲設定成是「只要順利完成，世界上快樂的人就會增加」。因為是遊戲，為了獲得高分而認真對待，不過即便沒能通關，人生和世界也不會終結。就好像是事先讓大家具備這樣的從容。

在經常聽到的成功經驗中，有些故事的宗旨是「斬斷自己的退路，所以才會成功」、「抱著絕對不退縮的心情去做」等，但是這樣的做法反而有可能會使精神不穩定，我建議最好不要用工作把自己逼到那種程度。

此外，在發現自己現在精神狀態不穩定，覺得不安時，**推遲重要的決策也是一個方法**。當然，由於商業環境時時刻刻都在發生變化，推遲決定這一行為可能會使情況更加困難。

然而，就如我在第二章所說的，內心失去從容時，人可能會犯下難以置信的錯誤。尤其是經營者感到強烈的不安或有擔心的事情，例如缺乏資金、競爭對手難以招架、失去重要的客戶、員工惹出醜聞……往往都會出現平時絕對不會出現的判斷失誤。導致更加恐慌，愈發無法從容鎮定，逐漸陷入惡性循環的情況並不少見。

◉趁精神狀態穩定時尋找心靈導師

然而只要心理還抱持著一點從容，即便遇到挫折，也不會驚慌失措，而是會試著接受眼前的狀況，進而採取其他行動，例如「結果與預期的不同，那就換個方式試試看好了」。

因此，在覺得遇到挫折時，**建議先確認自己的從容還剩下多少**。這就是所謂的後設思考。

以我為例，當我認為自己犯下明顯的錯誤時，所採取的行動是「等自己冷靜下來」。因為在「死定了～～」的狀態下笨拙行動，反而更有可能引發其他錯誤。

根據我的經驗，與其面臨那樣的結果，不如保持著「先暫時擱置」的心態，反而更有助於獲得良好的結果。

有些人會因為什麼都不做而焦慮，有些人則是需要勇氣，但是在遇到挫折的時候做點什麼，就像是在災難發生後才進行防災演習一樣本末倒置。

因此，**關鍵在於「趁健康的時候做好準備」**。以前在X（前Twitter）曾看過一則推文寫說「健康可以用金錢買到，但是只有在健康的時候」，這句話說得相當巧妙，從這句話可得知趁健康時行動的重要性。

我在第五章曾推薦大家尋找平時就值得信賴得商量對象，不過，也要考慮趁健康的時候試著尋找「心靈導師」。陷入瓶頸時，不會每次都剛好能找到信賴的商量對象。

與他人商量也未必能找到解決方法，但**至少不必把問題放在心裡，一個人承擔，只是想到「我不是一個人」，心情就會輕鬆許多**。像這樣與他人說話，可以客觀認清並整理現在所處的情況，有助於思考下一步該怎麼做。

順帶一提，小吃店的老闆娘就是個這個領域的專家。我的朋友「紫乃媽媽

（木下華乃小姐）」在日本東京都港區經營一家名為「昼スナックひきだし（午餐小吃抽屜櫃）」的小吃店，她的本業不是小吃店的老闆娘，而是以午餐小吃店的形式，傾聽各種人的煩惱。

她的本業是職涯顧問和企業研修設計，也有出版書籍，書名為《白天小吃店媽媽教你：45歲後擁有放棄「不想做的事」的勇氣（昼スナックママが教える。45歳からの「やりたくないこと」をやめる勇気，暫譯）》（日經BP）。據說在口耳相傳下，商務人士每天晚上……不對，每天白天都到那間小吃店，分享各種煩惱。

她本人的人生經驗相當豐富，所以在說話時，看到她一直點頭，就會讓人覺得和她這種人商量，心理會非常安心。

工作不僅關係到人際關係，還與自己的生活和人生息息相關，因此，推薦趁身體健康的時候，**找到能夠像這樣直率商量的人、生活顧問，或是諮詢的地方。**

◉自己的弱點需要旁人的協助

根據經驗，**掌握自己精神消沉時「需要多久才會恢復」**也會很有幫助。因為在知道這點後，就能夠在行程中預留足夠的時間。

如果可以的話，請**與值得信賴的商量對象或心靈導師分享**。

情緒低落時，請他人讓自己暫時獨處也很重要。

遇到這種情況時，事先告知他人「我會在這段時間恢復正常」，周圍的人就會理解狀況，溝通上也不會出現問題。

如果沒有事先告知，身邊的人為了讓你好轉，一定會給予許多照顧和鼓勵。但是心情低落的時候，這些照顧和鼓勵都會成為精神的負擔。況且，如果應對的態度馬虎，對方一定會不悅地認為「我都那麼照顧你了！」，彼此之間的關係可能會出現問題。

要避免發生這種棘手的情況，只要事先做好適當的自我揭露即可。精神脆弱的時候，他人那些貼心的想法都是負擔，所以這也算是事前的準備。

在可以坦白的範圍內，將自己的一點弱點和煩惱分享給信賴的人，這麼一來，在遇到緊急情況時，他們就會藉由各種方式幫助你。

就好比是「把家裡的鑰匙寄放在他人那裡」。寄放家裡的鑰匙給別人需要一點勇氣，但如果信賴他人並寄放鑰匙，當自己遇到麻煩的時候，在各方面都會有依靠。

這個方法也有助於解決自己的弱點。每個人的弱點都不同，例如健忘、死心眼、路痴等。經常有人會說「了解自己的弱點，就可以避免失誤」，但是遺憾的是，從自己的缺點中產生出的失誤，並不是輕易就能夠避免。

缺點源自於自己的本質和特質，所以要完全改正非常困難。

但是，如果事先分享弱點，即便犯錯，也有可能「獲得」掩護。

以我為例，我真的很常迷路，所以會分享自己的缺點，告知對方「我是個路痴，有時會找不到目的地，要麻煩多幫幫我」，並積極地向他人尋求幫助。在自己陷入失去從容的狀態下，與其做不擅長的事情，不如跟他人表示自己想要借助他們的力量，這才是避開風險最佳的方法。

當然，我也會請對方分享自己的缺點，盡可能地幫助對方。**不用多，只要有一點可以坦率地公開自身事情的關係，心情就會輕鬆許多**。

此外，如果發現自己陷入行程愈來愈緊湊，或是狀況不斷，內心毫無餘裕的狀態，**請將最後的力量用在「求助」上**。

最後的力量不該用來抵抗困難，而是要用在傳達拜託他人的訊息。

其實遇到瓶頸時，在早期就向他人求助會比較好，但很多人都認為向他人求助不是件好事，堅持獨自一人想辦法處理，結果在這個過程中被逼得走投無路，最後只能屈服。

當一個人走投無路時，視野會愈來愈狹窄。然而，在泥沼中掙扎只會往下沉，並耗盡所有的體力，迎來死亡。希望所有的社會人都能夠務必記住，最後的力量要用在向他人求救。

◉「那有這麼重要嗎？」

以上介紹的是，想在精神狀態不穩定的情況下控制壓力時，可以嘗試的幾個想法和具體的方法。

所屬於公司或組織的商務人士在上班時，因為看到身邊努力工作的人，往往會掉入所謂的同質性陷阱，產生出「大家都很累但都還在努力，我也要努力」的心態。

因此，我們首先必須做的是，**事前在自己的心中設定好鬧鐘**。在感受到「有點累」、「今天的狀況不是很舒服」時**先暫時停下來並休息**，等待看看能不能恢復正常。

這麼做後，有時會發現「啊……果然很累……」，如果狀態沒有太大的變化，可以找找看其他原因，採取更適當的應對措施。身體有症狀，就去看醫生，或是與從客觀角度切入的諮詢師聊一聊，可能也會有效果。

重點就在於，不要在自己所處的公司或組織等同性質的集團中，尋找商量的對象。

反而**在平時沒有接觸過的地方，尋找心靈導師或商量對象更為重要**。

有不少人都試圖在與自己相同的組織裡尋找心靈導師，但這樣一來，對方最終依舊會以組織的邏輯為優先，往往都會給予一些以工作的角度出發的建議，例如「這麼做的話，工作會做得更好」、「這麼做的話，專案會更順利」等。

與其這樣，還不如向在完全不同社群的人，或是合得來的線上沙龍（線上的收費粉絲俱樂部）會員等商量或是交換意見。與那些在「外面」，也就是自己平時沒有接觸的地方的人商量時，偶爾會聽到對方問說「**那種事有那麼重要嗎？**」

在看到對方一臉奇怪地表示「有必要這麼拚命的做那種事嗎？」時，有些人會突然放鬆緊繃的心情，從客觀的角度觀察自己現在的情況。既然自己都覺得「真的有點奇怪？」，那當然也會有**暫時從那個處境退出的選項**。

另一方面，也有可能會遇到認為「這個對我來說真的很重要」的情況。如果重新思考後還是打從心底這麼想，也可以決定再次努力。

暫且不論心靈導師說的話是否正確，刻意採納與自己不同集團的第三者視角，可以創造出重新整理腦中想法的寶貴機會。

◉負面思考並不是壞事

受到悲觀的想法和念頭束縛，而備感壓力的人意外地比想像中還多。例如，抱持著沒有自信，或是對未來的工作和生活感到不安等負面想法。

但我現在得到的結論是，沒有必要強迫自己必須改善、糾正這種狀態。**在很多情況下，目前的自己難以控制的事情反而暫時擱置比較好，畢竟「事情就是這樣，也沒辦法改變」**。

舉例來說，即便想說「再高個十公分就好」，也沒辦法輕易解決這個問題吧？大部分的人都會選擇放棄。儘管認為「如果可以那樣就好了」，最後還是會屈服於「但也沒辦法」。人就像這樣，其實會在不知不覺間擱置那些無法控制的問題，保持心理的平衡。

其中應該也有人會將負面情緒轉化成正向情緒的人，不過有些人卻不適合這種方法。就好比感冒的時候，有些人只要稍微跑一跑流個汗就能痊癒，有些人在模仿後反而因此使病情惡化。

心理問題也一樣，每個人的差異非常大，所以最重要的是**找出「最適合自己的辦法」**。

為此，可以去不同性質的社群找人商量，獲得新的啟發，也可以尋求專業人士的幫助。總之，雖說是心理問題，也不要什麼都想要自己解決。

有許多人都認為，總有一天可以靠自己改變心理問題，但當事情不順利時，會將自己與他人比較，覺得無法改變的自己很沒用。

這就是為什麼，我在第二章中會反覆強調，如果不對「我和他人不同」這一事實進行後設思考，就難以解決這個問題。

畢竟已經感受到負面情緒，當然無法正向地接受。關鍵在於，不要被負面情緒吞噬，要思考「我有不同的特質」。

◉擁有讓自己「開心」的方法

只要面對「我和他人不同」這個事實，接下來必然會經歷「了解自己」這一過程。

在「了解自己」時，我覺得**尤為重要的是自我分析，知道自己在什麼樣的狀態下才會感到心情愉悅**。我經常將之稱為「**讓自己開心的方法**」。

在知道自己什麼狀態下會「心情好」，即便是遇到負面的事情或是陷入悲觀的想法時，也可以立即採取行動，讓自己脫離那種狀態。

例如，聽喜歡的音樂、開車兜風或是前往自己喜歡的地方。重要的是，要先知道讓自己回到「開心」狀態的方法。

順帶一提，我自己是先準備了幾個能夠「開心度過」的地方。其中，我最喜歡的是我的辦公室，通常在那裡工作時心情都很好。

我盡量不在辦公室的地板放東西，如此就能看到大片的地板。像這樣創造出幫助視覺整理的環境，有助於讓心情平靜下來，對精神健康也有益。

因此，喇叭等我都不會直接放在地板上，而是使用透明架往上架高。此外，桌子上同樣也用透明架架高一層，擴大空間。即便放了一堆東西在桌上，也還是能夠看到桌面，讓視覺上處於「開心」的狀態。

只要事先知道哪一種時間度過法會讓自己感到最開心，就能夠相對輕鬆地調整自己的精神狀態。

◉透過改變外觀帶來的事物

除此之外，還有一種方法是從服裝、髮型等外觀和風格來調整精神狀態。光是穿上喜歡的衣服，心情就會變好，而且穿上充滿個性的衣服，還可以輕易地改變對方對自己的印象。只要覺得有一點不太對，還可以馬上恢復原狀，是一種CP值非常高的方法。

髮型也一樣。順帶一提，我從在公司上班的時候就開始留長髮，基本上在工作上初次見面的人看到我都會感到訝異。似乎在社會上有個心照不宣的默契，只要是男性員工就要剪到一定成度的短髮，這個現象在日本尤其明顯，也不知道是誰決定的。

不過我之所以開始留長髮並不是為了「開心」。單純是因為有一年我待在山裡享受滑雪的時間比較長，在滑雪季結束後，頭髮也比平時長了一點。我一邊感嘆麻煩一邊前往理髮店找設計師剪髮，結果設計師對我說「你的天然捲很漂亮，要不要試試看直接留長？」於是我決定試試看，這就是我留長髮的契機。

我每年冬天都去滑雪，總是留著長髮，同事也沒有說什麼，所以我就這樣放著讓頭髮留長。

雖然這只是偶然導致的結果，但是在換成現在的髮型後，人生開始變得積極、正向。

以商務人士來說，這個髮型相當顯眼，所以可以給一些人留下積極的印象和影響。面對這麼有個性的樣子，似乎也增加了周圍的人對我的「期待」。

另一方面，當我的責任增加時，也會出現過度批評我的人。但是我並不覺得有必要去害怕這種事。

畢竟就算犯了什麼錯誤，**需要做的就是道歉和處理，跟髮型毫無關係。**

有些人擔心可能會受到指責，例如「都已經犯錯了，還有心情留長髮和染髮」，但是工作和髮型本來就是兩回事。找藉口羞辱他人或批評他人的外貌，這個行為未免太過低級。

然而，必須要有一個認知，在有些人的眼裡，這可能是負面的印象。不可能所有人都能夠接受男性留長髮，這點我最清楚不過。因為這是他人的價值觀，僅憑我自己的力量並不能控制。

以此為前提，在本書我想大膽地向各位提問。

難道你要一直過著迎合周圍和環境的生活嗎？

如果是自己喜歡的風格，有時藉由周圍的期待增加，也可能會更加投入工作。說不定能夠習得如何輕鬆應付的技巧，即便在他人說什麼時，也不再只是一味地反駁。

根據情況，也可以反制那些說三道四的人，例如「你也試試看如何？」、「充分發揮自己的個性，一定會很適合喔！」。

我的髮型確實為職場帶來一種自由的氛圍。愈來愈多人認同我們在工作上的專業，不再對我們團隊的外觀和服裝說三道四。

雖然我們無法控制他人，但可以透過讓自己變得更好，對周遭環境帶來正向的影響。

◉睡眠的投資效果相當顯著

為了不累積身心靈的壓力，有不少人會重新檢視運動、睡眠、飲食等生活方式。這些都很重要沒錯，但在睡眠方面，我從以前開始就很認真地在投資，例如使用量身訂做的枕頭等。

現在使用的寢具是「Brain Sleep」床包組。使用Brain Sleep的契機是，在一次短講活動上擔任指導員時，有一位學生是Brain Sleep的宣傳大使，他送我一個試用品。我用過之後覺得非常舒適，所以買了幾套放在其他住處使用。

Brain Sleep的價格並不便宜，但**如果透過睡眠就可以改善身體狀況，可以說是非常划算**。按摩、美容、三溫暖等固然好，但睡覺是每天的例行公事，我認為投入一定的費用非常合理。

不僅要營造睡覺的環境，我的鐵律是**在安排行程的時候，首先空出睡眠的時間**。以我的情況來說，會先空下每天七小時的睡眠時間，接著再來安排其他所有的行程。

減少睡眠時間，活動的時間就會增加，所以有很多人會在不知不覺的情況下減少睡覺的時間。但我建議各位絕對不要這麼做。

減少睡眠的時間就等於是在省略體內的修復和恢復過程，從而減少人體自我淨化過程最基本的八個部分，這些都會在日後以不良的影響回報在身上。暫且不論睡眠時間過長的人，**減少睡眠不能改善身體狀態，也不會提高生產率**，所以減少睡眠時間並沒有任何好處。

不過，難免有行程緊湊或是臨時變動的時候。遇到這種情況時，我會將就寢時間往延後一點。這個決定並不好……但安排行程也有不得已的時候。總之，為了讓自己舒舒服服地起床，我會盡量確保七個小時的睡眠時間。

◉與社群網站無壓力的相處法

以下要介紹的是，近年來已經成為許多人主要壓力來源的社群網站。從心理健康的角度來看，最近普遍的趨勢是遠離智慧型手機和社群網站，但就我來說，為了接觸各種訊息，我經常使用社群網站。

不可否認的是，社群網站有許多干擾訊息。其實使用社群網站有訣竅，像我基本上只會主動看自己感興趣的內容。

社群網站本來就設計成訊息會不斷流動，所以那些訊息都會映入眼簾。但只要始終堅定**主導權在自己手上**，有意識地只取得自己所需的訊息，社群網站的使用方法就會改變。

此外請務必謹記，**大部分的訊息都與自己無關**。

在瀏覽社群網站時，經常會不知不覺地產生出「這個很有趣」、「這個必須知道」的心情，不過其實仔細想想就會發現，其中有很多都與自己沒什麼關係。

當然，X（前Twiter）和Instagram等平臺是在熟知人類的大腦「想知道」、「好在意」的構造後所開發的服務，這些服務創造出的經濟價值統稱為「**注**

意力經濟」。這是一種將人類的關心和關注轉化為金錢的機制。照片多於文字，影片多於照片，社群網站的功能所帶來的刺激性愈來愈強烈，大概是為了吸引更多人的注意。

在掌握這些基本知識的同時，意識到社群網站的最大前提——大部分的訊息都與自己無關，即便出現干擾訊息，也幾乎不會停留在腦中，只會覺得「原來還有這種想法的人啊」。

具體來說，**首先要注意的是「主詞很大」的訊息**。

最近有很多政治和性別等的話題，當出現「日本是○○」、「女性追求○○」之類的訊息時，要說這些訊息跟自己是否有密切的關係，基本上大多都不相關。

當然，正因為是特徵一致等，與自己稍微有關的訊息才會關心，但不知道這些訊息的真偽，如果又與自己沒有多大的關係，那對這些訊息感到憤怒或是煩躁，不是很可笑嗎？對某個主張感到憤怒或是想要發表意見是人的天性，不過如果是正常的精神狀態，應該會用一句「世界上也有這種意見」帶過。

像這樣，在瀏覽社群網站時留意「只把時間花在自己想參與的事情上」，就是使用社群網站的訣竅。而且正如我之前強調的，大部分的訊息都與自己無關。

在獲得訊息時，還有一個問題是訊息是否屬實，是否值得信賴。對此，我是**先對自己處於發布相同訊息時的情況進行後設思考後再判斷**。

意思是，站在自己發布的立場上，必然會收到來自周遭對此訊息的提問和批評，因此只要試想一下自己是否能夠挺起胸膛地回答，就能在一定程度上窺見此訊息的可信度。

例如，如果是訊息來源靠不住或是邏輯含糊不清的訊息，就沒辦胸有成竹地回答問題，所以可以判斷該訊息的可信度不高。

必須注意的是，站在分享的立場時。假設訊息來源是《紐約時報》，該訊息可能具有一定的可信度，但不一定是事實。因為**所有的訊息都帶有發布者的想法、解釋和偏見**，其中評論報導更是如此。

進一步來說，我認為在社群網站瀏覽訊息時，事實與否基本上並不重要。簡單來說就是，「《紐約時報》有這樣的訊息，我覺得很有趣，就這樣」。

在瀏覽社群網站時，要時時刻刻意識到主導權在自己手上，只要從頭到尾都用「我」為主詞即可，例如「我對○○感興趣」、「如果○○是事實，我會很開心」、「如果○○是真的，我想採取行動」等。

我們總是無意識地追求事實和正確性，但有很多事實和正確性存在。因此，**與其被主張事實和正確性的訊息所蒙蔽，不如先思考「我是怎麼想」、「我的想**

法」，再用「我」的意見來發布。

為了避免淹沒在假新聞的汪洋中，造成不必要的壓力，希望各位想像自己是那個訊息的發布者進行後設思考，以嚴謹的態度來驗證、處理訊息。

◉站起來，走出門，眺望天空

在本書的最後，將要來介紹非常簡單的習慣，我經常藉此來轉換心情、重振精神。

如果正坐著，首先要「站起來」。

如果人在室內，要「走出門」。

如果人在外面，要盡可能地「眺望天空」。

像這樣有意識地改變看到的景色，呼吸新鮮的空氣，內心會很神奇地從容許多，並感到神清氣爽。

精神健康的相關書籍中一定會提到，眺望天空或是沐浴陽光，會刺激腦內神經傳導物質血清素的分泌，有助於預防憂鬱症等病症。

順帶一提，我的辦公室有天臺，所以在感到疲倦或是心情不好時，我一定會眺望天空，重振精神。

我在日本千葉縣的鄉下也有一棟用舊房子翻新的住處，從那裡看到的天空非常廣闊，讓人難以相信是在本州。那片土地別說是大樓了，就連建築物本身都沒有，只要稍微抬個頭，除了天空外什麼都沒有。

當然，無論在哪裡，用什麼角度來看，天空都是天空，所以即便是生活在都市的街道中，眺望天空依然是可以輕鬆維持精神健康的方法。

減少進入大腦的訊息量非常重要。

當創造了一個完全沒有文字訊息的狀態或時間，大腦就會非常清爽。這也就是為什麼眺望天空和大海會讓人感到平靜的原因。

順帶一提，我幾乎不聽 J-POP，因為聽到日語歌詞，大腦就會開始當作訊息進行處理，導致每次聽的時候，大腦中都會充斥詞彙和解釋。相反地，如果是西洋音樂，帶有節奏的英語歌曲很難聽得懂，單純只會聽到聲音，所以可以放鬆地聆聽。

身為商務人士，我們總是會立起天線來接受新訊息，然而，如果必須處理訊息的狀態過長，思考反而會愈來愈僵化，就像是大腦堵塞一樣。

因此，**必須時不時地刻意關閉大腦的輸入功能，時常保持從容**。

本書從頭到尾都一直在向各位強調，讓自己保持「從容」的必要性。畢竟如果內心不從容，就無法客觀地俯瞰商業活動、管理以及人際關係的狀態，也難以對問題和課題採取適當的行動。正因為內心從容，才能做到後設思考，用「外界的標準」來審視自己。

在對目前自己來說是「外面」的地方，也許還有一個從未見過全新、更好的自己。

但不要隨意否定現在的自己。

時而眺望天空，帶著輕鬆的心情，一步一步往前邁進吧！

後記

為了活得像自己

感謝各位閱讀到最後。我在本書中提出了一個方案，讓各位在現有的世界中，不要沒日沒夜地只顧著競爭，或是忍耐不做自己真正想做的事情，而是從新的角度，活得更像自己。

自從我開始活用本書介紹的「Alias」概念後，對於覺得有趣的事情更加坦率，也得以重新活得輕鬆自在。希望各位都能體驗這種清爽的感覺。

最後我想向各位建議，希望各位也可以對本書的內容進行後設思考。意思是，**要有意識地「跳出」他人的方法論**。

本書收錄的內容，都是我根據自己至今作為商務人士的經驗所得出的想法和具體方法，我可以很有自信地推薦給各位。

但是我希望各位不要被我的想法左右。建議各位把本書當作參考資料，作為快樂生活的素材來活用，進行後設思考並更新。

世界上有許多訊息和商品都在告訴各位「這樣做即可」、「這麼做就會成功」。但若是過於依賴那些訊息和商品，就會被創造這些方法論的人「剝削」。

也就是說，**本末倒置地「將手段目的化」**。

例如，世界上有很多「致富的方法」，但金錢的本質不過是經濟活動上的手段。重要的應該是「為了什麼」擁有金錢。如果遺漏這個部分，目的就會變成單純的賺錢，並且很容被將手段目的化的人糾纏。

重要的是**自己選擇**、**思考**，**找出讓自己感到開心的生活方式**。我今後也會繼續到處分享自己的想法，希望各位能將其作為思考自身生活方式的參考資料，自由地活用。

如果拿起這本書的各位能夠因為自己的選擇帶來更好的生活，我想應該沒有什麼比這個更令我開心的事。

最後請讓我介紹一下想要感謝的人。

非常感謝大和書房的白井麻紀子小姐來邀請我，並且和我一起並肩走到最後。在製作這本書的這段時間我過得非常愉快。

還有，一直一來總是負責幫我製作的岩川悟先生，這次也發揮出了精湛的製作技術，讓人感到非常安心。

以及文筆比我還要像我的辻本圭介先生，這本書的文筆也非常出色。

最後，打從心底感謝一直支持我的另一半奈緒。

2023年9月

澤円

澤円

前微軟業務執行幹部
圓窗股份有限公司執行董事

從日本立教大學經濟系畢業後，曾任職於人壽保險公司的資訊科技分公司，1997年進入微軟公司（現為日本微軟）。歷任資訊顧問、售前規畫系統工程師、競爭策略專門業務團隊經理、雲端平臺業務總經理，2011年就任微軟技術中心負責人，後續擔任業務執行幹部，於2020離職。

2006年，榮獲「Chairman's Award」獎，這是微軟公司的全球性獎項，由比爾・蓋茲親自頒發，只有表現卓越的員工中才能獲得此殊榮。現在則是擔任法人代表，同時兼任琉球大學客座教授、武藏野大學專任教師，另外還從事新創企業顧問、NPO導師，並舉辦講座、演講活動，在各領域廣泛活躍中。2020年3月起，也開始以日立製作所「Lumada 創新傳教士」的身分活動。

著有《マイクロソフト伝説マネジャーの世界N1プレゼン術》（Diamond社）、《個人力やりたい ことにわがままになるニューノーマルの働き方》（PRESIDENT社）、《「疑う」からはじめる。これからの時代を生 き抜く思考・行動の源泉》（Ascom）、《「やめる」という選択》（日經BP）、與伊藤羊一的共同著作《未来を創る プレゼン最高の「表現力」と「伝え方」》（PRESIDENT社）等多部作品。另還監修《Study Hack!最速で「本当に使えるビ ジネススキル」を手に入れる》（KADOKAWA）等書。

後設思考
養成「聰明人」的思考法

出　　版／楓書坊文化出版社
地　　址／新北市板橋區信義路163巷3號10樓
郵政劃撥／19907596 楓書坊文化出版社
網　　址／www.maplebook.com.tw
電　　話／02-2957-6096
傳　　真／02-2957-6435
作　　者／澤円
翻　　譯／劉姍珊
責任編輯／吳婕妤
內文排版／楊亞容
港澳經銷／泛華發行代理有限公司
定　　價／380元
出版日期／2024年10月

國家圖書館出版品預行編目資料

後設思考：養成「聰明人」的思考法 / 澤円作；劉姍珊譯. -- 初版. -- 新北市：楓書坊文化出版社, 2024.10 面；　公分

ISBN 978-626-7548-06-6（平裝）

1. 思考 2. 思維方法 3. 成功法

176.4　　113012969